STORIES_TRACES OF GOD

스토리 _ 하나님의 흔적

세움북스는 기독교 가치관으로 교회와 성도를 건강하게 세우는 바른 책을 만들어 갑니다.

스토리_하나님의 흔적 Story 1

초판 1쇄 인쇄 2024년 4월 1일
초판 1쇄 발행 2024년 4월 5일

지은이 | 신재철
펴낸이 | 강인구

펴낸곳 | 세움북스
등 록 | 제2014-000144호
주 소 | 서울시 종로구 대학로 19 한국기독교회관 1010호
전 화 | 02-3144-3500
이메일 | cdgn@daum.net

교 정 | 김혜지
디자인 | 참디자인

ISBN 979-11-985894-8-4 (03230)

STORIES_TRACES OF GOD

Story 1

스토리_하나님의 흔적

40인의 일상 속에 새겨진
하나님의 흔적

신재철 지음

프롤로그

| "놀면 뭐하니!" |

개척 1년 후, 그렇지 않아도 속 시끄러운 개척 교회 목사에게 '코로나'라는 엄청난 녀석이 노크했습니다. 수개월 안에 세상의 똑똑한 분들이 정리해 줄 것이라 기대했는데, 점점 어려워지는 상황을 보며 낙담이 되었습니다. '만나지 마라, 모이지 마라.' 이것은 마치 두 손 묶인 체 링 안에서 싸워야 하는 격투기 선수가 된 기분이었습니다.

그러던 어느 날, 아들 둘과 예능 방송을 보고 있었습니다. 주인공인 유재석 씨는 PD에게 이끌려 어디를 가는지, 무엇을 하는지 모른 체 이동했고 주어진 미션을 완수해야 했습니다. 〈드럼 배워 음원 만들기〉, 〈트로트 가수로 변신〉, 〈라면 가게 사장〉. 처음 해보는 일을 당황하면서도 척척 해내는 주인공을 보며 제 삶의 의지가 살아났습니다.
"나도 뭐라도 해보자! 놀면 뭐해!"

무엇을 시작해 볼까 고민했는데, 그 무엇이 무엇일지 답을 찾는 것이 어려웠습니다. 그때 많은 사람이 도전하는 유튜브가 보였습니다. 다들 하니까 조금 만만하게 보였는지도 모르겠습니다. '음악? 신학? 인문학? 아냐, 너무 어설퍼.' 목회자들이 잘 하고 있는 다양한 분야를 후보군에 올려보았지만 모두 제게 맞지 않는 옷이었습니다. 그러던 중 갑자기 떠오른 생각. '내가 신앙생활하며 좋아했던 찬양 사역자들은 무엇을 하고 있을까?' 그분들의 소식이 궁금했습니다. 인터뷰를 통해 근황을 듣고 알리면 좋겠다 싶었습니다. 그렇게 〈좋은인터뷰〉 채널이 시작되었습니다.

| "보통 사람들의 이야기를 듣고 싶어요." |

어느 날, 페이스북을 통해 한 분의 글을 보게 되었습니다. 목회자의 간증이 책으로 많이 나와서 은혜롭게 보고 있다는 내용. 하지만 보통 사람, 보통의 그리스도인 이야기를 보고 싶다는 글. 마음에 와 닿았습니다. 그리고 갑자기 떠오르는 하나. 지금까지 약 100여 명의 그리스도인을 인터뷰했던 자료가 내게 있다는 것이 생각났습니다. 의사, 강연가, 작가, 정치인, 예술가 등. 세상에서 다양한 모습으로 살아가는 성도들의 이야기를 담아둔 것이 떠올랐습니다. 영상으로 담아온 이야기를 무작정 글로 정리하기 시작했습니다. 인터뷰 당시 느꼈던 감동이 다시 살아나며 활자로 부활한 〈좋은인터뷰〉의 은혜를 제가 가장 먼저 경험했습니다.

다양한 이야기를 정리하며 문득 드는 생각이 있었습니다. 성경은 무수히 많은 사람들의 이야기라는 것. 그리고 그 이야기를 통해 하나님이 드러나고 있다는 것. 마찬가지로 제가 담아낸 많은 그리스도인의 이야기에서도 저는 하나님을 느꼈습니다. 개인의 삶을 통해 여전히 하나님의 이야기는 만들어지고 있었고 그분의 흔적은 그들에게 깊게 스며들어 배어 있었습니다.

40인의 그리스도인. 그들의 삶을 여러분에게 소개하기 위해 집필을 결심했고 수개월 의자에 앉아 원고를 정리했습니다. 주인공의 삶에 녹아 있는 하나님의 사랑과 은혜, 감동을 함께 나누고 싶었습니다. 그리고 이 책을 읽고 있는 독자들 삶 속에 지금도 이야기를 만들어 가시는 하나님이 기대됩니다.

여전히 스토리를 만들어 가시는 그분을 기대하며

동네 사람, 동네 목사 신재철

감사한분들

- 남편이 작업한다고 방문 닫고 나오지 않을 때도 불편한 이야기 한 번 하지 않은 아내
- 문 넘어 "아빠"를 목청껏 부르며 행복한 귀찮음을 선물해 준 두 아들 승우, 승민
- 유튜브 초기에 자막을 위해 노동력을 제공해 준 박근욱 형제 (그냥 귀로 들으며 자판을...)
- 제가 아는 유일한 국어 교사라는 이유만으로 자막 작업에 고난을 당해 주신 강영혜 집사님 **"자판 알이 하나 빠져있는 상태에서 정말 고생하셨어요."**
- 방송 작가 출신답게, 「좋은인터뷰」 자막의 기본기를 만들며 함께 고생해 주신 조은정 작가님
- 저와 인터뷰로 만났지만, 영상 편집자로 자원 봉사해 주시며 고생만 하시는 박성식 목사님
- 인터뷰 장소가 없어서 이리저리 방황하던 제게 안정된 장소를 제공해 주시는 상수동 「배플」 스튜디오 배준환 집사님
- 사실 설마 했는데, 책으로 출간까지 이어지게 도와주신 「세움북스」 대표 강인구 장로님
- 무명한 저의 요청에 흔쾌히 시간 내어 이야기를 들려주신 책 속의 주인공들
- 어떤 이유인지 모르지만, 이 책을 기대하며 구매해 주신 독자님들
  "여러분 덕에 2편이 나올지도 모릅니다!"
- 포기하고 싶었는데, 여기저기 다니게 하시며 결국에는 책까지 나오게 하신 하나님

모두 정말 감사합니다!

차례

제3부 _ 나의 삶, 하나님의 이야기

제4부 _ 도전하며 살아내기

제 1 부

저, 부르셨어요?

로고스교회 담임목사
한국침례신학대학교
신학과 교수(종교철학)

| 요즘 어떻게 지내고 있으세요? |

코로나 때문에 다들 어렵게 지내듯 저도 어렵게 지냈고요. 처음 코로나 사태 후 몇 달 동안, 3개월 정도 일이 없었어요. 대신 유튜브로 영상 만드는 일을 새로 배우게 됐죠. 시대가 온라인으로 모든 일이 전환되는 것을 보며 글쓰기 학교를 온라인으로 전환하면서 오히려 더 잘되고 있어요.

아내가 한 번 이러더라고요. "당신 뭐 하는 사람이야?" 목사 일 하나만 하지 갑자기 논문을 쓰고, 번역하고, 책 쓰고, 강의 다니고, 위기 청소년들과 '희망의 인문학'도 하지. 너무 많은 일을 하니까, 아내가 그렇게 묻더라고요. 가끔 저도 제가 누구인지 모르겠어요. 뭘 하는 사람인지, 뭐가 딱 나인지. '시인과 촌장'의 '가시나무' 노랫말에는 내 속에 내가 너무 많아 괴롭다고 했는데요, 저는 내 속에 내가 너무 많아서 좋은 때가 있어요.

설교할 때는 설교자의 내 모습을 꺼내면 되고, 책을 쓸 때는 책 쓰는 나를 꺼내면 되거든요. 내 속에 내가 너무 많은 것이 장점도 되고 단점도 되지만 저는 장점으로 알고 살고 있어요. 그런데 그중에 가장 선호하는 것 하나를 고르라고 하면, 저하고 우리 가족의 생각이 다른데, 나는 작가이고 싶은데, 아내와 아들은 "아니요. 아빠는 목사예요." 그래요.

이사야 50장 4절을 내 평생의 말씀으로 받은 때가 있어요. 연도는 생각나지 않는데 박사 과정 중이었고 경제적 어려움을 비롯해 총체적 위기를 경험했던 때죠. 제가 그때 하나님을 '말씀의 하나님'으로 만났어요. 성경을 읽다가 이사야 50장을 봤는데, '이거 완전 내 말씀이다!' 말씀하시는 하나님을 그렇게 만나게 되었죠.

주 여호와께서 학자들의 혀를 내게 주사 나로 곤고한 자를 말로 어떻게 도와줄 줄을 알게 하시고 아침마다 깨우치시되 나의 귀를 깨우치사 학자들 같이 알아듣게 하시도다

'학자'라는 말을 보면서 박사 과정 학생이니까, 강의하는 사람이니까 완전히 나를 위한 말씀이라 생각했죠. 알고 보니 저 말고도 많은 사람이 본인의 약속의 말씀이라 하더라고요. 그런데 '학자의 혀를 내게 주사' 이 부분이 눈에 들어오는 거예요. 학자같이 알아듣고 학자같이 말하는 것. '하나님, 난 이런 사람 되고 싶습니다'라고 고백했어요.

| 신학대학교에서 강의도 오래 하셨습니다. 아주 매서운 교수님으로 기억합니다 |

열정은 있었죠. 목회자는 결국 성경을 가르치는 사람인데 그러자면 성경이라는 텍스트, 책을 읽는 거잖아요. 그렇다면 책을 읽도록 가르쳐야겠다는 열정이 있었죠. 기억나는 게 그때 매 수업마다 책을 몇 권씩 들고 가서 소개해줬어요. 그래서 구내 서점 직원이 저를 아주 좋아했죠. 한번은 어느 학생이 저에게 책 장사하는 사람 같다고 하더라고요. 그런데 저는 책 추천을 한 번만 하고 말려고 했는데 학생들이 좋아해서 자꾸 했죠.

열정은 항상 '오기, 치기, 객기'랑 같이 가는 것 같아요. 하나님 만나기 전에는 제 성격 자체가 바닷가 출신이라 약간 거친 면이 있었고 아버

지의 부재와 관련된 것인지, 갈망하고 추구하고 막 붙잡고 분투하는 스타일이었어요. 아마 그런 것들이 열정이 되어서 당시에 공부에 미쳐있었던 것 같아요. '신학 공부하다 죽으면 순교'라고 외치며 공부하던 때니까. 그래서 당시 신학교에서 공부 안 하는 학생들 보면 화나는 거죠, 애정과 열정이 넘쳐나서.

당시 필수 과목으로 듣던 학생이 150명 넘었는데 제가 한 30명에게 F 학점을 줬어요. 그런데 지나고 생각해 보니 내가 너무 심했다 싶기도 하고요. 그때는 밥은 안 먹어도 책은 사서 읽으라고 신학생들에게 말했는데 밥 먹으면서 해야죠. 요즘 말로 '먹고살려고 하는 짓'인데 안 먹으면 되나요. 먹어야죠. 생각이 조금 바뀌었어요.

| 대학 강단에 서다가 담임 목회를 시작하셨어요 |

결국, 신학은 목회잖아요. 신학은 학문 자체로 존재하는 게 아니고 교회를 위한 거예요. 신학은 교회의 시녀거든요. 신학이라는 학문 자체가 아무리 매력 있더라도 교회로 나타나지 않으면, 다시 말해서 사람을 사랑하고 성도를 세우는 것으로 나타나지 않으면, 학문적으로는 충분히 가치 있겠지만 제가 생각하는 진정한 의미의 신학은 아니거든요.

신학 하는 사람들 대부분이 목회를 꿈꾸고 건강한 교회를 꿈꾸는 것은 신학의 본질 때문입니다. 학교에, 신학에 미쳤었고 학교에 교수 자리가 있으면 좋겠다고 생각했고, 물론 결과적으로 학교 쪽 일은 안 됐는데 신학의 본질 자체가 저를 목회로 가도록 만들었죠.

그리고 당시 개척과 같은 어려운 상황의 교회로 부임한 건 편안하게 물려받듯 목회할 수 없다는 생각이 컸기 때문이죠. 당시 부목사로 있던 교회가 안정적이고 좋은 교회였어요. 성도와 대화도 마음도 통하는. 담임 목사님과 성도들도 다 제가 후임 목사가 된다고 알고 있는 그런 상황인데 편하게 목회를 물려받으면 안 된다는 생각이 든 거예요. 젊은이가 모험하고 개척하고 도전해야지. 당시에는 왜 그런 생각을 했는지. 이 얘기만 나오면 우리 아들은 한숨을 쉬고 온 가족이 "왜 그랬어, 아빠?" 이렇게 되죠.

| 인생의 굴곡에서 작가와 번역가로 빛을 보셨어요 |

어쩔 수 없이 글을 쓴 거예요. 그리고 할 게 없으니 글을 쓴 거고. 가난한 개척 교회 목사인데 교회 안에 여러 가지 갈등과 분열, 그로 인해 생기는 이루 말할 수 없는 마음의 상처. 그걸 풀 수도 없고, 출구도 없고. 특히 무엇보다 어려웠던 건 경제적인 문제였어요. 20년 전에 한 달에 100만 원 정도 되는 돈으로 4인 가족이 10년 넘게 생활했으니까. 가족에게 이루 말할 수 없는 부끄러움, 수치에 가까운 게 있죠. 자괴감 같은. '이러려고 내가 목회했나?' 뭘 해서라도 돈은 벌어야겠는데, 일반 아르바이트는 못 하겠더라고요.

콩나물 한 단, 두부 한 모 사기 위해서 내가 할 수 있는 건 글을 쓰고 책을 쓰고 번역하는 거였어요. 처음부터 돈이 된 건 아니에요. 사실은 그냥 도망간 거예요. 책을 읽고 글 쓰는 게 도망간 거였는데 그게 나에게 탈출구가 아니라 해방구가 된 거죠. 구원의 길이 거기에 있었던 거죠. 누구나 책 한 권 쓰고 싶다는 로망은 있잖아요. 그런데 이게 재미도 있고 결과도 있으니까 자꾸 그쪽으로 강화된 거예요.

목회자로서 계속 성장했어야 했는데, 그러지를 못했어요. 이런 생각도 해봐요. 내가 감람산 기도원 가서, 오산리 기도원 가서 금식했으면, 그렇게 돌파했으면 다른 길이 열렸을까? '제자훈련, 성령 운동' 어떤 식으로든 돌파했으면 잘 넘어갔을까? 이런 의문은 있어요. 이럴 때 우린 하나님 뜻을 말할 수밖에 없는데. 하나님께서 이렇게 인도하셨고 저도 의지적으로, 의도적으로 자연스럽게 그쪽으로 자꾸 몰아갔죠. 당시에는 실패라고 생각했는데 실패가 결국 성공이 된 거예요.

| 다작 작가, 얼마나 쓰신 건가요? |

"어디 가서 몇 권 썼다고 제발 말하지 마라. 남들 들으면 책 팔아서 집 산 줄 알겠다." 아내가 말해요. 그래서 말을 잘 안 하긴 하는데, 권 수로는 20권 썼고 8권 번역했고 학술 논문 20편 썼죠.(2024년 기준) 〈복음과 상황〉에 연재를 시작했고, 〈기독교 사상〉〈뉴스앤조이〉〈목회와 신학〉〈빛과 소금〉〈국민일보〉 등 소위 좌우를 넘나들면서 다양한 매체에 글을 썼어요.

| 첫 책, 《공격적 책읽기》를 처음 받았을 때 |

진짜 따끈따끈한 책이잖아요. 물론 책은 안 따끈하지만, 신간은 따끈하다고 하잖아요. 책을 들고 입을 맞추고 가슴에 꼭 껴안고 몇 초 눈 감고 좋아했어요. 그냥 행복감에 젖어서. '내 인생의 첫 책' 너무 행복했죠. 많은 사람이 첫 책 또는 박사 논문에 자기 평생의 모든 게 들어가 있다고 하더라고요. 지금 다시 첫 책을 펼쳐 봐도 지금도 그렇게 생각하고 있더라고요. 대신 지금은 표현이 더 세련되거나 조금 완곡하거나 부드러워졌는데, 내 생각의 모든 것이 거기에 있더라고요. 물론 한두 가지 조금 바뀐 게 보이는데, 그럼에도 불구하고 내 모든 것의 씨앗, 맹아가 다 있었어요.

| 많은 저작물 중 가장 사랑하는 책을 꼽는다면? |

그거 어려운 질문인데요. 각각 다 의미가 있어요. 가치가 있죠. 그래도 제가 가장 꼽는 책은 《하박국, 고통을 노래하다》입니다. 《공격적 책읽기》에 내 생각의 모든 것이 있다면 《하박국, 고통을 노래하다》에는 내 생각과 삶이 녹아있어요. 고통, 고난의 시간을 통과하면서 내가 길러낸 학문, 경험, 성경이 한데 어우러지며 낸 책이라서 가장 사랑하는 책이죠. 그리고 내 일상생활의 먹거리에 큰 도움을 준 책은 성서유니온에서 나온《글쓰는 그리스도인》입니다. 그 책 덕분에 로고스 서원이 시작됐고 그런 면에서《글쓰는 그리스도인》은 제게 다른 의미가 있는 책이죠. 작년까지 많이 팔린 건《예배, 인생 최고의 가치》에요. 의외로 10쇄 찍었으니까요. 찬양 팀에서 예배 관련 공부나 소그룹 할 때 교재로 많이 쓰더라고요. 모두 저에게 의미 있는 책이죠. 지금은《모든 사람을 위한 성경묵상법》입니다.

| 글쓰기의 기준이 있으신가요? |

톨킨의《반지의 제왕》에서 '중간 땅'이라고 하잖아요. 중간 땅. 저는 중간 영역의 저자가 되고 싶었어요. 학문적인 학자의 글이 있고, 일반 성도들이 보는 아주 실용적 글이 있다면 저는 학문성과 대중성의 중간 영역에서 쓰고 싶었죠. 전문성과 대중성을 함께 가지고 있는, 학문과 저널리즘의 중간. 일반 성도들도 읽을 수 있는 글이지만 깊이는 가지고 가는, 깊이는 있지만 학문적 딱딱함이 아니라 누구라도 읽을 수 있는 글. 그런 글을 쓰고 싶어요.

성도들은《깨끗한 부자》를 많이 읽어요. 근데 신학 교수들은 그 책을 쓰레기라고 딱 한 마디로 끝내요. 반면에 교수들이 쓴 글은 일반인들이 전혀 읽지 않고 심지어 다른 교수들도 안 읽죠. 이런 유명한 말이 있어요. "나만 읽고 편집자만 읽는다." 저는 중간에서 다 읽게 하고 싶은 거예요. 성도들이 읽고 있는 책,《청부론》이든《긍정의 힘》이든 이런 책을 신학적으로 좀 설명해 주며 왜 좋은지 왜 읽으면 안 되는지 차분차분 말해주는 사람도 있어야 하는데, 교수들은 그 일을 하면 없어 보이는 것처럼 생각하거든요. 성도들은 학문적인 깊이 있는 글을 읽기 어려워하니까 저는 가교 역할을 해주고 싶었어요. 내가 목회자이면서 학자니까, 양쪽 다 한 발씩 디디고 있는 거죠.

| '로고스서원'을 시작하셨어요 |

목사님들이 왜 책을 읽고 글을 써야 하는지, 원고 청탁을 하나 받았어요. 집에 와서 어떻게 쓸까 고민하다가 아이디어가 떠올라서 A4 두 장을 보냈는데 유명한 분들이 직접 전화까지 걸어서 글을 써보고 싶은 마음이 생겼다는 후일담을 전해주는 거예요. 촉이 왔어요. 감이 오더라고. '이거 된다! 이거다! 이게 사람들이 필요로 하는 분야다. 왜 글을 쓰고 어떻게 글을 써야 하는지 사람들이 궁금해하는구나. 이걸 써야 하겠구나.'

A4 두 장짜리 글을 한 10배, 20배 이상 부풀렸죠. 그래서 1부, 2부를 나눠 쓰면서《글쓰는 그리스도인》이 나왔고, 출판사에서 제안하기를 워크북을 만들어 실제로 모임을 만들어보자는 거예요. 그렇게 해서 모임을 만들었는데 12주를 해봤거든요. 부흥했어요. 매주 울고 웃고 너무 행복한 거예요. 그게 1년이 되면서 1년 과정을 만들었고, 그러면

서 글쓰기 학교가 시작됐죠. 부모님들이 청소년들도 책 읽기와 글쓰기 교실을 해주면 좋겠다고 해서 청소년들도 하게 되고. 그게 발전해서 '로고스서원'이 된 거죠.

| '로고스서원'을 소개해 주세요 |

책 읽기를 통해서 여러 가지 활동을 시작했어요. 저자를 초청해서 강의 듣고 대화하는 인문학 캠프 같은 것들. 저자와의 만남을 '북토크'란 이름으로 서울, 부산 합해서 45회 정도 했어요. 저자와 밥 먹으며 만남도 갖는, 다양한 프로그램을 할 수 있게 되더라고요.

그리고 위기 청소년도 돕게 되었죠. 소년 재판에서 처분받고 6개월 정도 쉼터(청소년회복센터) 생활을 하도록 법원에서 명령받은 아이들을 데리고 일주일에 한 번 책 읽고 글쓰기 하는 거예요. 어려울 것이라 생각했는데, 의외로 아이들이 재밌어하고 글을 잘 써요. 재밌어하고 울고 기뻐하는 모습 보면서 내가 누군가에게 도움이 된다는 것, 책으로 누군가를 돕고 섬긴다는 것. 달콤함을 느꼈죠. 제가 가장 행복해하는 일입니다.

| 여러 직함이 있지만, 결국 목사 |

나를 위해 살기보다는, 책 써서 돈 벌기보다는 그것 너머 하나님이 주신 부르심이 있죠. 보통 얘기하는 의미, 가치, 보람 그것이 나를 행복하게 합니다. 제가 목회하는 로고스교회는요 짧게 말하면 '성경 읽고 나누는 공동체', 백화점으로 비유하자면 모든 것을 다 갖춘 백화점이 아니라 백화점에 입점한 한 브랜드 코너라고 보면 돼요. 교회는 사실 종합적이어야 하거든요. 모든 것을 다 갖추어야 하는데 우리 교회는 성경 읽고, 공부하는 특색을 가진 교회 그렇게 생각할 수 있을 것 같아요. 제 인생의 키워드는 책이에요. 로고스서원도 책, 로고스교회도 성경책. 모든 교인이 소그룹으로 모여서 토론하고, 토론한 본문을 가지고 제가 다시 설교하고 설명하는 것이 주일 오전 예배의 모양이에요. 다른 교회들과 약간 차이가 있을 것 같아요.

| 독자분들에게 한 마디 하신다면? |

저는 '책의 사람'이고자 합니다. 그리스도인을 '책의 사람'이라고 하잖아요. 성경을 읽고 읽어서 시편 1편 1~2절에 나와 있는 것처럼 복 있는 사람 되시고 시냇가에 심은 나무 되시기를 바랍니다. 제가 성경과 책을 읽어서 삶이 변했다고 했잖아요. 여러분도 성경과 좋은 책을 읽으며 삶이 건강해지고 풍요로워지기를 축복하고 소망합니다.

YouTube
〈좋은 인터뷰〉 김기현 편 보기

| 예수전도단과의 인연 |

시작을 이야기 하려면 배경을 설명해야 합니다. 저는 신학교 다닐 때 예수전도단을 정말 싫어했던 사람입니다. 그들만의 독특한 문화, 언어, 색깔 등을 보면서 참 재수 없다고 생각했습니다. 그런데 신학교 4학년 때, 신학생들과 외국에 단기 선교를 다녀올 기회가 있었습니다. 그때 80여 명 되는 신학생들과 함께 참여하면서 선배로서 인솔자가 되었어요. 그때 YWAM(예수전도단) 캠프에 머물게 되었습니다. 당시 굉장한 충격을 받았어요. 캠프에는 목회자가 아닌 자매 선교사들만 있었는데, 그들의 섬김의 모습이 너무 아름다웠습니다. 그때가 예수전도단에 대한 오해가 한 꺼풀 벗겨지는 시간이었습니다.

오해가 벗겨질 수 있었던 또 하나의 계기가 있습니다. 신학교 때, 1학년 여자 후배가 있었어요. 처음에는 좀 맹했어요. 그런데 2, 3학년이 되면서 바뀌기 시작하는 거예요. 너무 성숙해지고 내적으로 아름다워지는데 어떻게 이렇게 바뀌었는가 보니 그 후배가 예수전도단에서 훈련을 받고 있었어요. 그래서 여기 뭐가 있는 것 아닌가 생각했죠.

신대원 1학년 때 개인 전도 실습이 있었습니다. 일주일에 한 번 전도하고 보고서를 써내야 했어요. 충남대학교에 가서 전도하려다가 실패하고 돌아온 경험이 있었어요. 그때 많은 생각을 했습니다. '내가 신학을 한다는 것이 무엇인가? 전도사인데, 내가 믿고 있는 예수님을 제대로 전하지 못하다니.' 이러한 고민 속에서 내면에 음성이 들렸습니다. '네가 나를 알고 있느냐?' 설교로는 주님이 어떤 분이라고 이야기하면서 담대하게 복음 하나 전하지 못하는 나 자신을 보면서 이건 아니다 싶었어요. 정말 하나님을 만나야겠다고 생각했죠.

그래서 학교를 휴학하고 하나님을 알고 싶어 선택했던 것이 예수전도단 DTS 제자훈련이었습니다. 거기서 예수님을 새롭게 인격적으로 경험했습니다. 내 삶의 근본적인 전환점이 그때였습니다. 전도하다가 포기하고 돌아오면서 느낀 회의감 속에서 하나님을 다시 한번 만나고 싶다는 생각이 들었고 그것이 예수전도단에 들어가게 된 계기가 된 거죠. 그렇게 지금까지 오게 되었습니다.

| 예수전도단 사역 |

예수전도단 제자훈련은 93년도 홍천에서 했어요. 그때는 강원도 홍천 DTS 하나밖에 없었는데 한 번은 홍천에서, 한 번은 서울에서 진행하며 왔다 갔다 했어요. 93년도에 훈련을 받고 신학대학원을 다시 복학하고 96년도에 결혼을 했어요. 아내도 신앙생활을 했으니 어느 수준까지는 대화가 되었지만 깊은 영역에서는 서로 대화가 막혔어요. 그래서 제가 제안했죠. "우리 평생 같이 목회를 해야 하는데 서로 말이 통해야 되지 않겠느냐. 같이 훈련을 받자." 아내가 좋은 생각이라고 했어요. 96년에 결혼하고 97년에 아내랑 다시 한번 DTS에 참여했어요. DTS를 마치고 목회든 선교든 하기로 했죠. 그때 훈련이 끝나면서 2년만 홍천 예수전도단에 있기로 했는데 홍천, 대전, 포항에서 23년 동안 있게 되었어요. 대전은 조금 짧게 있었는데 2년 하다 몸에 과부화가 걸려서 병가를 내고 3년 쉬었어요. 그 후 포항으로 개척하러 내려갔어요.

| 가장 기억에 남는 사역이 있다면? |

아무래도 관심이 사람에게 있다 보니까 제자훈련이 제일 마음이 가고 따뜻했어요. 그리고 개인적으로 가장 큰 성장을 가져다준 것이

DTS 제자훈련 사역입니다. 지금도 계속하고 싶은 사역이고요. DTS를 통해 경험적으로 배운 것이 있다면 '사람은 다 죄인이다. 오죽했으면 DTS까지 왔을까? 밖에서 봤으면 정말 괜찮은 사람인데 저런 사람이 왜 DTS에 왔을까. 사람은 외모로 판단하면 안 된다, 다 똑같다, 죄인이다.' 이런 생각이 들면서 사람에 대한 이해가 깊어졌어요.

| 가장 기억에 남는 사람이 있다면? |

제일 기억나는 분들은 홍천에서 같이 스텝으로 섬겼던 분들입니다. 제게 가장 영향을 끼친 분이 몇 분 계십니다. 그중에 한 분을 꼽는다면 전임 학교장이었던 이00 선교사입니다. 그분과 같이 지내면서 영향을 많이 받았어요. 에피소드는 많지만 다 말할 수 없고, 홍00 목사님, 구00 선교사님, 이00 선교사님 등 많은 분의 영향을 받았어요. 어려운 일이 생겼을 때, 이00 선교사님이라면 어떻게 하셨을까, 먼저 질문을 하게 됩니다. 그분은 지금 탄자니아에서 우물 파는 선교 사역을 하고 계십니다.

| 사역에서 가장 중요하게 여기는 키워드가 있다면? |

저는 키워드가 하나입니다. '사람.' 사람은 결과라고 생각합니다. 사람을 어떤 관점으로 바라보고 섬기는가를 통해 하나님과의 관계를 드러낸다고 생각합니다. 하나님과의 관계가 올바르다면, 하나님께서 이처럼 사랑하신 사람을 어떻게 섬기는가로 드러나게 됩니다. 하나님과의 관계는 너무 좋은데 사람에 관심이 없고 사람을 함부로 대한다면 그분의 영성은 올바른 영성이 아닙니다. '하나님 사랑은 곧 이웃 사랑입니다.' 당신이 하나님 사랑하는 것을 무엇으로 증명할 것인가는, 당신 주변에 있는 사람을 향한 태도와 관계로 측정된다고 생각합니다. 예수님의 관심도 사람이었습니다.

| 사역, 교회이냐 선교 단체이냐 고민은 없었을까요? |

저는 고민이 없었어요. 왜냐하면 하나님의 마지막 대안은 교회라고 생각했기 때문입니다. 교회는 예수님의 몸이고 하나님께서는 교회를 통해서 우주적인 통일을 하시기 때문이죠. 물론 원어적 의미로는 선교 단체도 교회라고 할 수 있겠지만, 문화적으로 선교 단체는 교회를 지원하는 곳이라 생각합니다. 선교 단체는 교회가 못하는 부분을 지원하며 교회와 함께 하나님 나라를 이루어 가는 것이죠. 이것이 제 사역의 철학입니다.

예수전도단에서 사역할 때도 "지역 교회와 같이 가야 한다, 지역 교회를 섬겨야 한다, 교회와 선교 단체가 충돌할 때 언제든지 교회를 우선순위에 두어라"라고 말했습니다. 그러다 보니 지역 교회와 관계가 좋았죠. 이 생각에는 지금도 변함이 없습니다. 결국, 관계의 문제라고 생각합니다. "교회와 갈등을 줄이려면 목사님과 관계를 잘해야 한다. 사역을 길게 하려면 교회에서 인정받아야 한다. 모든 간사는 반드시

지역 교회에 들어가라. 교회를 그냥 다니지만 말아라. 교회 한 부서로 들어가서 섬겨라. 그리고 교회에서 인정을 받아라. 그러면 서로 상생할 수 있다"라고 협력하는 간사들에게 말했습니다.

| 앞으로 계획이 있으실까요? |

주님의 부르심이 교회일지, 계속해서 단체를 통해 한국 교회를 섬길지, 또 다른 무엇을 할지 모르지만. 지금은 주님의 인도하심을 기다리는 상태입니다. 안식년을 마치면서 예수전도단은 쉼표를 찍었기 때문에 이후에 남은 인생도 내가 원하는 사역이 아니라 주님께서 원하시는 사역에 삶을 드리고 싶습니다.

요즘 드는 생각입니다. 세상은 바뀌지 않았다, 그리고 하나님도 바뀌지 않았다. 세상이 어떠하든지 하나님께 붙어 있으면 하나님의 역사는 전심으로 하나님을 바라는 자를 통해서 마음껏 펼쳐질 것이라고 믿습니다. 하나님을 꼭 붙들고 살아가시기를 주님의 이름으로 축복합니다. 저도 그렇게 살아가려고 은혜를 구하며 몸부림치고 있습니다.

YouTube
〈좋은 인터뷰〉 천태석 편 보기

| 최근 근황이 궁금합니다 |

장거리 파트타임 사역자다 보니 기동성 없는 내가 이 시국에 뭘 할 수 있을까, 사역적인 부분은 손을 놓게 되더라고요. 개인적으로 굉장히 혼란스러운 시기를 보내고 있고, 교회 사역 외에 하고 있던 아르바이트까지 코로나로 전부 멈췄어요. 전도사'님'로 살다가 코로나 이후에 오롯이 주부로서 살아야 하는 것이 힘들어요. 요즘은 진짜 아줌마로, 주부로, 아내로만 살고 있습니다.

| 침례신학대학교, 신학과 자매 |

저는 성악을 공부하면서 음대를 진학하려고 준비하던 사람입니다. 교회에서 나고 자라 어려서부터 예쁨 받고 촉망받는 캐릭터였어요. 너는 커서 사모되겠다는 이야기를 많이 들었죠. 그것이 마치 하나님의 음성으로 들려서 저를 옥죄었는데, 성악을 공부하는 것이 나름으로는 사모를 향한 준비 과정이었어요. 심지어 고등학교 때는 1시간이나 일찍 등교해서 학교 밑에 있는 교회에 들러 좋은 사모가 되게 해달라고 매일 기도하기도 했죠.

노래를 좋아하고, 또 주위에서 잘한다고 하니까 성악을 해서 복음성가 가수로 하나님께 영광 돌리는 좋은 사모가 돼야지 그렇게 생각했어요. 그런데 입시를 준비하는 치열한 과정 중에 제가 음악을 하기로 한 것에 대해 정작 하나님께 결재받은 기억이 안 났어요. 그래서 입시를 일주일 남겨놓고 금식하면서 기도하기 시작했어요. '하나님께서 나에게 원하시는 것이 뭘까? 하나님께서 가장 기뻐하시는 자리와 위치가 뭘까?' 끝까지 응답이 없다가 마지막 날 깨달음을 주셨어요. '아! 신학을 해야겠구나.'

그 당시에 저는 신학대학으로 장로교신학대학이나 총신대학교 정도만 알고 있었는데 친구가 대전에도 신학대학이 있다고 말해 주더라고요. 이미 전기 입시가 끝난 상태라 재수를 생각하려는데 후기 입시가 남아있다는 것을 알고 지원해 신학과에 들어갔어요. 면접장에서 교수님이 왜 왔냐고 질문하실 때에도 저는 당당하게 "사모하려고요." 라고 대답했어요.

| 캠퍼스에서 어떤 자매였었나요? |

제가 낯을 조금 가려서 사람과 마음을 트는데 시간이 조금 필요해요. 그래서 한 학기 동안은 얌전했어요. 그 이후에 본모습인 쾌활함과 돌발 행동들이 튀어나오면서 "네가 사모를 한다고?"라는 주변 반응들이 시작됐어요. 그럼에도 저는 불굴의 의지를 가지고 있었죠. 그때까지도 사모를 향한 열망이 하나님의 뜻이라고 믿어 의심치 않았어요. 캠퍼스에서 저는 전혀 어울리지도 않아보였지만, 여전히 사모를 열망하는 자매였습니다.

| 교회 사역과 결혼 이야기 |

저는 조금 특별한 길을 걸었어요. 제가 아는 한, 대부분의 여성 사역자는 임신과 출산으로 사역이 멈춰요. 76년생 동기들의 경우를 보아도 그래요. 사역을 활발하게 하다가 결혼과 동시에 남편을 따르느라 신분이 바뀌는 경우가 많고요. 저는 결혼과 동시에 사역이 제대로 열린 경우에요. 사모를 열망하던 제게 남편이 신학을 해야 하는 것은 당연하고 중요한 요건이었어요. 지금의 남편은 일반 대학을 나와서 신학을 하려고 준비하던 사람이었어요. 그래서 당연히 결혼하면 사모가 되겠구나 생각했죠. 하지만 이 사람이 신대원을 딱 1학년만 하고서 자기 길이 아니라며 그 길을 포기했어요. 평신도의 아내로 사는 삶을 생각해 본 적이 없어서 너무 당황스러웠죠.

결혼하기 직전까지도 사역을 계속하다가 결혼과 동시에 사모가 되기 위해 사역을 내려놓았는데, 굉장한 쇼크가 찾아왔어요. '그러면 이제 나는 사모도 아니고 뭘 해야 하지?' 갈등하는 힘든 시기가 결혼과 동시에 찾아온 거죠. 그때 하나님 앞에서 씨름 아닌 씨름을 했어요. '하나님 제 인생 어디로 흘러가나요? 사모 하나만 바라보고 이 많은 시간을 준비하면서 사역했는데…'

나름 남편의 목회를 충실히 돕겠다는 밑그림이 있었는데 결혼과 동시에 이렇게 되니까 정신이 없었어요. 그런데 오히려 그 과정에서 기도할수록 내 계획과 전혀 다른 시나리오 때문에 좌절만 할 것이 아니라 하나님이 나에게 요구하시는 것이 무엇인가를 봐야겠다, 그만 울어야겠다라는 생각이 들었어요. 마치 입시 직전처럼요. '어쩌면 하나님께서 나를 통해 하실 일이 분명 있을 것이다' 생각하면서 그때부터 본격적으로 더 열심히 사역하게 됐고, 남편에게 "당신이 안 하면 내가 하겠으니 내조해!" 하고는 주말과 주중까지 본격적으로 사역을 하게 되었어요. 그때 제대로 눈을 뜨게 되었어요. '내 소명은 사모가 아니었구나!' 아기가 생기고 임신과 출산까지 단 1년만 사역을 쉬었어요. 출산하고 바로 사역에 뛰어들었죠.

| 엄마 전도사의 엄마 전도사 |

저의 엄마 전도사님은 정말 열사나 투사 같은 분이셨어요. 사역하며 뒤를 돌아보지 않는, 마치 그렇게 해야만 끝을 볼 것 같은 그런 분이셨죠. 제가 엄마 나이가 되고 인생을 조금 살필 수 있는 때가 되어서 보니까 엄마는 사역을 열심히 한 전도사였다기보다는 자신의 자리를 치열하게 지켜낸 사람에 가깝다는 생각이 들었어요. 여성 사역자로서의 어려움을 겪을 겨를이 없을 정도로 본인을 사역 속에 갈아 넣으셨어요. 저도 그런 모습에 영향을 받았죠. 그래서 상황을 가리지 않고 사역을 보면 일단 덤비고 보는 전도사가 되었어요.

엄마로부터 독립하는 것이 제일 힘들었어요. 신앙에도 독립이 필요하더라고요. 엄마의 그늘, 엄마의 신앙관, 사역자의 자녀로서 받는 외부로부터 오는 시선, 그런 것으로부터 자유롭지 않으면 제 신앙이 자랄 수 없겠다고 생각했어요. 사춘기가 되니까 독립해야 한다는 자각이 강해졌어요. 많이 힘들었는데, 제일 힘들었던 것은 어머니께서 사역지를 옮길 때마다 교회와 가장 가까운 곳으로 이사하셨어요. 한 곳에 뿌리 내려서 성장하지 못하는 것이 상처가 되더라고요. 그리고 교역자의 자녀이기 때문에 요구받는 것들이 제 자아와 간극이 있다 보니 가면을 쓴 제 모습과 싸워야 했어요. 사춘기가 되니까 반항심이 올라와서 엄마로부터의 독립뿐 아니라, 하나님도 버겁다는 생각이 들었어요. 그때 하나님 앞에 크게 한번 대들고 크게 또 혼이 나서 제대로 철이 들긴 했는데 그런 위기들이 많이 있었어요. 지나고 보니까 그것이 저에게 굉장한 성숙을 가져다 주기는 했어요.

| 본인도 엄마가 되었어요. 딸을 보실 때 어떠세요? |

제가 밟았던 과정을 제 딸에게 답습하지 않으려고 필사적으로 노력했어요. 사역 초반에 상처 많은 아이를 돌보는 사역을 하며 정작 제 아이를 제대로 안아 주지 못한 아픔이 있어요. '저 아이가 정상적으로 자랄 수 있을까?'라는 염려를 한순간도 내려놓지 못했죠. 그래도 최선을 다했던 것은 가정 안에서 신앙을 강제하지 말자, 신앙을 교육하려고 하지 말자는 거였어요. '기도 꼭 해야 하고, 매일 묵상해야 하고, 주일날 교회 안 가면 지옥 가는 거야.' 이런 태도를 절대 보이지 않으려고 의도적으로 노력했어요. 그 결과 제 딸은 굉장히 자유롭고 행복한 아이로 커 주었어요. 그런데 그것이 잘한 것인지는 끝까지 더 지켜봐야 할 것 같아요.

| 계획이 있으신지요? |

저는 신앙인치고는 회의주의자인 편입니다. 전에는 그런 게 믿음 없는 것이라고 자책했지만 지금은 조금 즐기고 있어요. 사역의 연차가 20년이 넘어가고, 결혼 생활도 20년 정도 되어 가면서 인생을 조금 안다는 시기가 되니까 신앙에 대해 예전과는 다른 관점과 태도를 가지게 됐어요. 전에는 사역에 제 삶을 갈아 넣어야 했지만, 지금은 삶과 사역에 대해 조금 차분해졌어요. 뭘 하려고 하는 것이 부질없구나. 그런 생각이 들어서 뭘 이루어야지 하는 계획이 없어요. 그저 오늘 하루 감사 속에서 눈 뜨는 것, '나에게 주어진 하루만 잘 살아도 나는 하나님 앞에서 성공한 인생이구나' 이렇게 생각하며 살아요. 지금 제 계획은 주일이 되면 사역자답게 맡겨 주신 일 잘 감당하는 것이고요. 하루하루를 잘 살아내는 것이 제 계획의 전부예요.

| 기도 제목이 있다면? |

다른 여러 기도 내용이 있지만, 그런 것은 하나님의 때에 하나님의 방식대로 이루어지리라 믿어 의심하지 않아요. 다만 한 가지 엄마 모드가 발동되는 기도 제목은 제 딸을 위한 것인데요. 내년이면 고3이고 품을 떠나갈 시점이 올 텐데, 그때는 제가 끼칠 수 있는 영향력이 없어지니까 요즘 슬슬 걱정이 돼요. 딸이 세상 속에서도 제대로 자신의 신앙을 잘 유지해가고 영혼이 늘 교회와 하나님을 향할 수 있도록 기도해 주세요.

YouTube
〈좋은 인터뷰〉 이진아 편 보기

| 다양한 일을 하고 있으세요 |

저는 코로나 때문에 정말 바빠졌어요. 바빠서 시간이 부족하다는 뜻은 아니고 해야 하는 일, 할 수 있는 일이 많아져서 지루하지 않게 살고 있습니다. 어쩌면 코로나 전보다 조금 더 많이 고민하면서 살고 있어요. 교회에서 청년부를 맡고, 마을에 관심이 많아서 마을봉사위원회를 담당하고, 밖에선 〈라이프 호프〉라는 자살예방센터의 운영본부장을 맡고 있고요. 주 업무는 초·중·고등학교에서 자살예방 교육을 의무적으로 한 학기당 1시간씩 하는데, 강사들을 양성하고 파송하는 일을 합니다. 〈하나님의 창고〉라고 교회에 있는 물건을 나누는 일을 하고도 있어요.

출간한 책이 있는데 제목이 《두 배 힘든 열 배 기쁜 合(합)》이에요. 결혼하면 두 배 힘들 수 있죠, 같이 살아야 하니까. 그렇지만 열 배 기쁘다는 걸 청년들에게 말해주고 싶은 거예요. 청년부 사역을 오래 하다 보니까 고민의 절반은 연애인 거죠. 더 행복할 수 있는데 아주 작은 걸 몰라서 혹은 놓쳐서 속상해하는 걸 보면서 이걸 정리하자는 생각으로 책을 만들었어요. 사회 복지 공부를 좀 했어요. 학교에서 시간 강사로 사회 복지를 가르치고 있고요. 교회 부설 기관인 '북작북작 도서관'에서 부관장으로 일하고 있기도 합니다.

| 가장 애착이 가는 영역이 있을까요? |

0순위는 교회 사역이에요. 교회 사역을 하다 필요해서 사회 복지도 공부한 거고, 필요해서 사회학을 공부했는데 그러면서 마을공동체가 중요한 것도 알게 되고, 필요해서 하나님의 창고도 하고, 도서관도 하는 거고요. 교회가 지역에 어떤 태도로 위치할 것인가에 대한 고민이 있거든요.

| 많은 물건을 나누는 〈하나님의 창고〉 그 시작을 말씀해 주세요 |

전에 사역하던 교회에서 청소를 하고 있었는데 성가대 가운이 보자기에 싸인 채로 열 개가 나오는 거예요. 누군가 헌물하시면 새것으로 바뀌잖아요. 또 아동부 캐비닛을 청소하는데 새 물건이 너무 많이 쌓여 있는 걸 본 거예요. 아동부 사역자한테 물어봤더니, 달란트 시장을 하고 남은 거라는데 아이들은 자주 나오는 물건은 안 사잖아요. 그래서 허락을 받고 싹 꺼냈어요. 물건이 너무 많더라고요. 그래서 저희 동기들 카톡 방에 사진을 올리고 '필요한 사람 손들어라' 했더니, 산같이 쌓여있던 게 하루만에 다 나갔어요. 필요한 곳이 따로 있었던 거죠.

저희만 그랬겠어요? 솔직히 번거롭고 힘든 일이지만 사부작사부작 해보자 싶어서 우리 집을 청소했어요. 또 마루 한가득 뭔가 나오는 거죠. 애들 방, 저희 방 다 뒤졌더니 똑같은 책도 너무 많고 해서 그걸 또 한 번 나눴어요. 당시 제가 소속된 카톡 방 큰 곳이 있었는데 물건이 생길 때마다 '필요한 사람 있냐?' 이렇게 올렸는데 바로바로 나갔어요. 어떻게 할까? 고민하다가 페이스북에 그룹을 만들었어요.

하나님의 창고는 100% 무료 나눔이에요. 돈이 들어가지 않게 하고 싶었어요. 이걸 운영하면서 제가 돈을 받거나 회비를 받으면 돈이 모이잖아요. 그러면 의도가 흔들릴 수밖에 없다는 생각이 들었어요. 돈이 안 모이도록 하려면 작게 하는 방법밖에 없겠더라고요. 그렇게 5년 넘게 운영을 했었죠. 지금도 여전히 무료 나눔이고요, 저희한테 나눔 받고 중고나라 가서 팔다가 걸리면 실명 공개합니다.

| 〈하나님의 창고〉 운영방식이 궁금합니다 |

물건은 상태를 확인해야 해서 대부분 제가 착불로 받아요. 검수해서 보내기도 하고, 신뢰할 수 있는 분들은 사진을 받아서 확인하고 동영상 찍어서 보여달라고 하고, 그다음에 바로 그룹에 올라가죠. 물리적인 창고를 만들면 관리비가 들어가잖아요. 돈이 필요하고 돈을 만들어야 하니까 안 키우려고 했죠. 그래서 우리 집 창고에서 시작했는데 이를 알고선 예전에 일하던 교회에서 창고를 내주셨어요.

지역 곳곳에 하나님의 창고가 있으면 좋겠어요. 부산 건 부산에서 나누고, 수원 건 수원에서 나누어야 길에 쓰는 돈이 없거든요. 한 달에 트럭으로 옮기는 양이 5~6대 정도에요. 운반 비용도 받는 분 처지에서 만만치 않거든요. 그 지역에도 분명히 물건이 많을 거예요. 이런 기회가 없거나 이런 장소가 없어서 그렇지 이 영상을 보시는 분들께서 조금 귀찮아도 하나님께 칭찬받을 수 있는 일이라 생각해주시고 계신 지역에서 시작해 주시면 요령은 가르쳐 드리겠습니다. 내년이면 하나님의 창고를 한 지 10년인데 그간의 노하우 전부를 다 제공해 드릴 수 있거든요. 곳곳에서 이런 일들이 일어나면 좋겠고 이게 초대 교회의 모습이지 않나 싶어요.

| 운영하시다 보면 어려운 지점이 있으시죠? 난감하거나 |

저희 운영 원칙 중 하나인데 나눌 물건이 있는 분만 포스팅할 수 있어

요. 대부분 목회자가 필요한 게 훨씬 많은 직업군이라 글을 올리다 보면 끝이 없거든요. 그리고 거기서 푸념을 하게 돼요. '필요합니다'도 있고 '이런 게 필요한데 하나님이 주지 않으십니다', '하나님이 시키셔서 개척했는데 너무 어렵습니다' 이러면 너무 힘들거든요. 그래서 나눌 물건이 있는 사람만 포스팅할 수 있는데 알면서도 '~가 있는 분, 연락해주세요' 이런 식의 포스팅을 올리실 때 회원들이 저한테 신고해요. 원칙이니까.

글 올리신 분의 마음을 알겠기에, 그걸 삭제할 때 너무 마음이 아픈 거예요. 하지만 그냥 두면 여러 사람의 비슷한 내용이 올라올 수밖에 없어서 어쩔 수가 없어요. 물건을 제가 검수하는 거면 상관없는데 종종 그러지 못할 때가 있거든요. 회원들끼리 나누실 때가 있는데, 주는 사람의 눈과 받는 사람의 눈은 달라요. 주는 사람은 '새것입니다'하고 줬는데 받는 사람이 '어떻게 이게 새것이야?'하는 경우가 있거든요. 그럴 때 저한테 연락하면 괜찮은데 댓글을 다는 거죠. '받았더니 안 좋은데요' 이런 식으로 쓰시면 시끄러운 상황이 되어서 중재해야 할 때도 있어요.

| 운영하시다 보면 보람도 있으시죠? |

힘든 것보다 보람이 열 배 많아요. 그래서 계속하고 있는 거고요. 대부분 필요한 게 많은 분이고 저희 회원의 95%가 목회자거든요. 목회자들은 물건을 그냥 받지 않고 기도하면서 기다려요. '하나님, 이런 게 필요합니다' 기도하며 기다리는데 두세 달 만에 생기기도 하고, 기도하고 그룹에 들어왔더니 바로 올라와 좋은 물건과 연이 닿기도 하죠. 제가 글을 올리자마자 댓글이 달리는 경우가 있어요. 이런 게 있으면 좋은데 혹시 지나간 물건 중에 있나 보다가 누르시거든요. 그럴 때 하나님의 살아계심도 느끼지만, 이분에게 또 오늘 하루 숨 통 트이는 이유를 드렸다는 생각에 보람을 느끼고요. 물건을 올리는 분도 마찬가지예요. 비싸거나 소중한 것들을 올리는데 '정말 필요한 분한테 가면 좋겠습니다'하는 마음으로 올리거든요. 그러면 정말 필요한 분들이 받으세요. 소중한 물건을 내놓는 마음이 받는 분한테 열 배로 기쁨이 되는 걸 올리는 분들이 확인하면서 신앙을 회복했다는 분들도 있고요.

올해 초 도마뱀을 한 번 나누었는데 초등학교 4학년 남자아이가 도마뱀이 갖고 싶었대요. 도마뱀은 비싸기도 하고 구매하기가 쉽지 않잖아요. 그런데 아이는 너무 갖고 싶은 거예요. 아이 아빠는 시간이 지나면 잊을 것이라 생각하며, 기도하라고 했대요. 그런데 정말로 도마뱀이 하나님의 창고에서 나온 거예요. 청년이 키우다가 결혼할 자매가 도마뱀을 싫어해서 '어떻게 하지?'하다가 저에게 연락했고 제가 올렸는데 그 목사님이 5분도 안 돼서 '저요'하고 손을 드신 거죠. 아들이 도마뱀을 가져가서 잘 키우고 있다고 사진을 보내오셨는데 도마뱀이랑 같이 책상 밑에 들어가 있는 거예요. 너무 해맑은 표정으로요. 하나님은 살아 계세요.

| 저작 《두 배 힘든 열 배 기쁜 合(합)》 이야기 들려주세요 |

제목을 줄여서 '두열합'이라고 불러요. 두열합 과정을 시작하게 된 게 청년부 사역을 하면서 보니까 청년들이 연애를 어떻게 하는지 몰라서 너무 고민하더라고요. 대학 졸업 때까지 공부만 가르치고 연애하는 걸 안 가르치는 거죠. 결혼하는 순간까지 결혼이 뭔지 아무도 안 가르쳐주는 거예요. 커피숍에서 얘기하기 시작했어요. '어떻게 하면 연애를 잘할 수 있나?' 그런데 잠깐 만나서는 부족했어요. '과정을 만들어야겠다.' 그래서 제가 사역하는 교회 청년들에게 '연애가 뭔지 궁금한 사람, 더 잘하고 싶은 사람 와라' 했더니 열몇 명이 왔어요. 당시 사역하던 청년부에서 20% 정도가 연애하고 있었는데 연애가 어렵다며 온 거죠. 종이에 스테이플러 찍어서 시작했어요. 서른, 마흔 커플이 할 때까지는 링 바인더로 만들어서 했어요.

처음에 '두열합' 과정을 시작했던 청년부 1기들이 어느덧 나이가 들어 30대 중반이 되어서 다른 교회의 청년부 교사를 하기 시작한 거예요. 교회 청년부에서 '두열합'을 가르치고 싶은데 가진 자료에는 자기 답만 쓰여 있잖아요. 지도가 안 되는 거죠. 그래서 저한테 연락이 왔어요. 자기한테 지도할 수 있도록 가르쳐 달래요. 당시 그 친구는 용인에 살았고 저는 서울에 살았는데 직장인이 6주 동안 서울로 와서 이걸 배워가겠다는 거예요. 너무 미안하잖아요. 그래서 6주 과정을 하루 3시간씩 가르쳐서 4주에 끝내줬는데, 그 집사님이 다 배우고 가면서 '책이라도 만들어요. 힘들어 죽겠네' 하시더라고요. 그래서 정말 급하게 책을 만들었어요. 이 영상을 보시는 분 중에도 청년들을 아끼고 신혼부부를 향한 사명이 있는 분들에게는 필요하시다면 책도 보내드리고 직접 만나 중요한 팁도 드리도록 하겠습니다. 이러한 과정이 여러 곳에서 생기면 좋겠습니다.

| 어떤 이야기를 다루고 싶으셨어요? |

이 책을 쓸 땐 교회에서만 사용하려고 쓴 건 아니에요. 둘 중 한 명은 교회를 다니는데 한 명은 교회를 다니지 않은 경우, 그런 커플이 많을 수밖에 없잖아요. 한국에 교회 다니는 청년들이 다니지 않는 청년들에 비해 3분의 1 정도밖에 안 되니까요. 커플이 된, 교회 다니지 않는 청년들에게 잘 사는 방법을 말해주고 싶었어요. 이 책은 교회 다니지 않는 사람들과 읽어도 하등의 어려움이 없는 내용으로 만들어져 있긴 해요. 실제로 커플 중, 자매는 신앙생활을 하고 형제가 신앙생활을 안 하는 확률이 높은데 '열두합' 과정에서 제일 어려운 게 1강에 참석하는 일이에요. 첫날 오는 것만 되면 5분 안에 형제들 눈이 동그래지고 과정이 끝나면 저한테 따로 연락 와서 필요한 질문을 하는 경우가 훨씬 많아요.

| 앞으로 계획이 있으실까요? |

단기적으로는 이 책이나 창고 사역이 다른 지역에서 많이 생겨 더 많은 사람을 돕고 싶어요. 장기적으로는 산티아고에 갈 거예요. 시니어 코이카를 준비하고 있어요. 그 부분이 이루어지도록 공부를 좀 더 하고 주변 사람을 설득하는 것이 제 장기적인 숙제입니다. 시니어 코이카를 갔다가 그 땅이 마음에 들면 눌러앉아서 선교사의 삶을 살고, 그 땅이 아니라 하시면 다시 들어와서 다른 삶을 준비해도 좋고요. 이런 게 제 목표입니다.

YouTube
〈좋은 인터뷰〉 김주선 편 보기

| 특별히 기억에 남는 사람이 있으시다면? |

수원중앙침례교회에서 사역할 때, 두 분이 생각나요. 한 분은 유년부 부장 탁태영 집사님이셨는데 벼라든지 이런 것들의 품종을 개량하는 연구소에서 상당한 역할을 하는 분이셨어요. 수원중앙침례교회 유년부는 당시 신을 벗고 들어가도록 되어있었거든요. 아이들이 어리니까 신발을 신고 와서는 그냥 팽개치고 올라가죠. 그 집사님이 모든 신발을 하나하나 정리해 주시던 모습이 기억나요. 그 집사님이 직장에서는 상당한 지위에 있는 분이었는데, 교회에서는 그렇게 잘 섬기셨

어요. 아이들을 혼내는 것도 없었고 그냥 뒤에서 묵묵히 섬겨 주셨던 모습이요.

또 당시 고명진 목사님도 기억이 나는데, 고명진 목사님이 부목사님이셨고 제가 전도사로 있었는데, 그때 제가 운전을 못 했거든요. -전도사님이 운전을 못 하셨다고요?- 네. 그래서 그때 고 목사님이 운전을 하셨죠. 누가 누구를 모시고 가는지. 모양새가 좀 그랬어요.

| 담임 사역을 하시며 얼마 지나지 않아 첫 번째 건축을 하셨어요 |

2004년, 평택에 있던 교회의 담임 목사가 되고 한 2~3년 지난 다음에 그 지역이 개발 지구가 되면서 수용이 된 거예요. 수용되면서 보상을 받고 교회가 다시 그곳에 들어가면 좋겠는데 그럴만한 형편이 안 되는 거죠. 보상은 받았지만, 나중에 다시 들어가려면 가격이 마구 올라 있어서 쉽지 않은 거죠. 그리고 개발 기간 동안 우리 거처가 있어야 했고요. 그래서 2년 동안 장소를 찾았는데 쉽지 않았어요. 그런데 진짜 막다른 시간에, 지금 있는 이 지역 안성 공도도 조그맣게 지역 개발을 하며 작은 종교 용지가 나왔다고 누군가 와서 알려주는 거예요. 딱 보니까 우리에게 맞는 규모였죠. 그래서 긴급하게 회의를 하고 일주일 만에 이건 하나님의 인도하심이라는 생각에 보상받은 돈으로 땅을 사고 평택에서 안성으로 지역을 옮기게 된 거죠.

당시 이름 '평택중앙침례교회'라고 더 이상 부를 수 없게 되었어요, 지역이 바뀌었으니까. 그래서 우리 성도들과 어떤 이름으로 바꾸면 좋을지 서로 이야기를 나누다가 지역이 평택, 안성이니깐 '평안침례교회'로 하자는 의견까지 나오다가 나중에 '함께하는 교회'로 정하게 되었죠. 그래서 지금의 함께하는 교회가 됐죠.

| 어쩌다가(?) 그 어려운 두 번째 건축을 하셨어요? |

예배당 건축을 2006년에 시작해서 2007년에 마친 건데, 그때만 해도 생각이 많았어요. '이게 최대치다', '이 공간을, 이 예배당을 어떻게 다 채우지?', '이 빚을 어떻게 다 갚지?', '이자를 어떻게 하지?' 기도하며 그런 생각에 고민이 많았어요. 그런데 한 십여 년 만에 이 공간이 감당할 수 없을 만큼의 부흥을 경험하게 됐죠. 지금 계신 성도 중 80% 이상이 10년 안쪽에 만나게 된 분들이에요. 그렇게 예배당이 비좁아지니까 이분들이 다음을 준비해야 한다고 하며 인근에 땅을 준비하고 다시 건축하는 일을 진행하고 있었습니다. 제 계획에는 전혀 없었는데 그렇게 되고 있었죠.

| 분립개척 / 선교지 건축. 계속 어려운 결정을 하셨어요 |

우리 교회에서 4년 정도 부교역자로 함께 동역하던 목사님을 5년 전에 분립 개척 해드렸어요. 그런데 당시 우리도 여유가 있지 않았기 때문에 온전히 예배 처소를 마련해 주지 못하고 5천에 월 240만 원 정도하는 상가 건물에 개척을 준비할 수 있도록 해드렸죠. 개척 지원단을 모집했는데, 장로님 가정과 몇 분의 성도님 가정, 그리고 청년 회장이 최소 1년 이상의 헌신을 약속하게 되었어요. 그런데 갑자기 하나님께서 부담을 주시는 거예요. "야, 너희는 예배 공간을 준비하면서 거기는 그렇게 하느냐?", "맞습니다, 하나님. 해야죠." 즉각 반응했습니다. 그래서 그 해 3월에 성도들에게 말씀드렸어요. "분립 개척한 교회의 예배 공간을 분양받아 완전히 봉헌해 드리는 거, 올해 말까지 합시다"라고요. 그리고 필리핀에 있는 선교지도 건축을 위해 땅을 매입했는데 좀 부족하다 싶은 판단이 되어 더 매입하면서 건축을 진행하고 있어요. 이게 사실 우리 건축보다 더 부담되는 일이거든요. 성도들의 생각으로는요. 그런데 다 됐어요.

| 건축의 현장에서 정말 어려웠던 순간을 꼽으라면 |

건축이 한 70% 진행됐을 때 건축을 맡은 회사가 부도나서 우리도 큰 피해를 보았고 우리와 계약한 건설 회사로부터 돈을 제대로 받지 못한 협력 업체들도 피해를 보았어요. 너무 힘들었죠. 강단에서 밤을 새우며 기도하는데 환상 중에 협력 업체 한 분이 교회 앞을 지나가다가 교회를 향해 "저 예수 믿는 것들!" 하면서 침 뱉는 모습을 보게 하셨어요. 하나님께서 피해를 본 협력 업체에 먼저 보상해 주라는 마음을 주시는 거예요. "하나님, 그러면 우리 마무리 공사는 어떻게 하고요." 그랬더니 그것에는 하나님께서 말씀이 없으셨어요. 그냥 그것부터 해결해 줘라, 보상해 줘라. 그 부담만 주시는 거죠.

그래서 우리 장로님들, 리더들과 함께 회의했어요. "하나님께서 이것 하라고 하시는데 순종해야 하겠습니다." 그랬더니, "그럼 목사님 마무리 공사는 어떻게 하고요." 당연한 반응이죠. 저도 그랬으니까요. "저는 모르겠습니다. 하나님이 거기에 대해 말씀이 없으신데 일단 이 부분을 말씀하셨습니다." 결론이 안 나는 거예요. 왜냐하면, 현실적인 부분이 있으니까요. 그냥 회의가 그렇게 종료되었어요. 무겁게…. 그런데 일주일 동안 또 기도해도 거기에는 응답이 없으시고 '해결해 줘라. 해결해 줘라'라는 말씀만 하시는 거예요. 일주일 만에 또다시 장로님들과 뵙자고 그랬어요. 하나님께서 여전히 이것을 요구하신다고 그랬더니 감사하게도 목사님 마음대로 하시라고 하더라고요.

장로님 한 분께 마무리 공사를 위해서 낸 빚이 얼마냐고 물었더니 3억 5천 정도가 된다고 하더라고요. 현실은 이거 갖고도 마무리 공사가 안 되는 거래요. 그럼 이것으로 협력 업체에 우리가 얼마나 보상해 줄 수 있는지 비율로 따졌더니 약 78%까지 지급해 드릴 수 있겠더라고요. 그래서 협력 업체 대표분들 다 오시라고 해서 설명해 드리고 78%까지는 맞춰서 지급해 드리겠다고 약속했어요. 아무튼 죄송하다고요. 그리고 나중에 건설업자에게 받으시고 그때 우리 주시면 교회 공사 마무리하겠노라고 말씀드린 후, 기도하고 보내드렸어요. 그러고 나서 교회 공사는 다 중단됐죠.

그런 일이 있은 후, 믿지 않는 업체 사장님 한 분이 오셔서 이런 교회라면, 이런 건축주라면 내가 어떻게 해서든 마무리 공사를 해야겠다며 나중에 갚아줄 줄 믿는다고 하시면서 협력 업체들을 불러 모아서 마무리 공사를 해주셨어요. 공사비를 갚는데 한 5년 걸렸어요. 그분이 불교 신자인데 한 번도 "언제 주세요?" 하지 않으시고, 다른 협력 업체가 요구하는 것도 그분이 다 막아주셔서 마무리되었어요. 그분들이 "이 교회는 그런 교회다" 소문을 내주시면서 성도들이 오기 시작했고, 전도가 되기 시작했죠. 사실 큰 피해를 각오했지만 그게 우리 '함께하는 교회'가 이곳에 뿌리내리고 부흥하게 된 계기가 됐어요. 그게 제일 힘들었지만 보람됐던 거 같아요.

YouTube
〈좋은 인터뷰〉 김인환 편 보기

둥지청소년회복센터 센터장
(사) 보물상자 대표

| 지금 하시는 일을 소개해 주세요 |

둥지청소년회복센터는 소년 재판을 받은 아이들과 함께 생활하는 '사법형 그룹홈' 입니다. 그 아이들의 재판을 담당하고 진행을 돕는 법원 국선 보조인으로 활동하고 있고, 사단법인 보물상자에서 위기 청소년들 소외 계층 아이들의 장학 사업을 하는 법인 대표입니다.

범죄를 저지른 아이들, 비행을 저질러서 경찰 조사를 받고 재판을 받을 때 판사가 아이들에게 내리는 처분이 여러 가지 있거든요. 처분을 고려할 때 가장 중요한 건 한 번 실수는 할 수 있지만, 재비행이 안 일어나도록 하는 거예요. 그러기 위해서 제일 중요한 건 본인이 반성하든지, 보호자나 주변에서 다시 비행하지 않도록 아이를 잘 조절해 주고 보호해 주는 역할을 해야 하는데 아이들은 반성하지만 보호자가 그런 환경이 돼주지 못하는 경우가 있어요. 그래서 아이에게 사회생활을 할 수 있는 기회를 주되 보호력을 더 강화하자는 취지로 그룹홈 시설에 들어오도록 합니다. 법정 보호자 대신 제가 보호자 역할을 하기 위해, 저희 집에 와서 아이들이 생활하는 거지요. 아이는 반성했는데 보호자가 바뀌지 않으면 그 상황이나 범죄는 반복되더라고요.

'호통 판사'로 유명한 천종호 판사님이 8년 가까이 소년 재판을 다루면서 법정에서는 정말 뉘우치고 반성했는데, 두세 달 뒤에 다시 오는 아이들을 봤을 때 그 원인이 보호자에게 있더라는 거죠. "그럼, 좋다. 정말 네가 반성하니까 이번에는 보호자를 바꿔볼게. 거기(청소년회복센터)서 마음을 잘 지키면서 학력도 취득하고 성인으로 자라 갈 수 있는 준비를 해라." 이런 취지인 거지요. 여기(청소년회복센터)에 있는 동안, 보호자가 전혀 관여하지 않는 게 아니라 아이와 관계도 회복하고 등교 지도도 하고, 진로를 함께 의논하며 생활 지도를 해서 가정으로 돌아가더라도 안정적인 생활을 이어갈 수 있도록 노력하고 있습니다. 제일 안타까운 건 6개월 동안 아이는 변했는데 보호자가 바뀌지 않을 때예요. 그때 집으로 돌아간 아이들 마음이 무너지죠. 본인은 이렇게 열심히 했는데 엄마, 아빠는 똑같으니까요.

| 공개 입양을 하셨습니다. 어려움은 없으셨을까요? |

결혼할 때부터 입양하면 좋겠다는 마음이 있었습니다. 첫째 딸, 둘째 아들을 낳으며 주변에서 많이 축복해 줬는데 마음에 걸리는 게 있었어요. 저보다 일 년 일찍 결혼한 여동생이 자녀가 없었거든요. 저희가 둘째를 낳을 때까지는 괜찮았는데 셋째를 또 낳으니까 부모님도 그렇고 동생네 보기에도 서로 조금 불편했어요. 그래서 동생에게 제가 갖고 있던 입양에 대한 마음을 소개하고 권했어요. 여동생 가정이 십 년 동안 아이가 없어서 여러 가지 노력을 하다가 끝내 마음을 접고 입양은 안 하고 개를 분양받더라고요. 너무 신기하게도 그다음 해에 여동생이 아들, 딸 쌍둥이를 자연 임신을 했어요. 그 후에 당시 저희 막내였던 셋째가 초등학교 일학년이 되었을 때, 동생을 키울 수 있겠다는 마음을 먹어 줘서 공개입양을 하게 됐죠. 입양이라고 이야기는 하지만 '얘는 입양아다. 아니다' 이런 거 없이, 한 가족으로 살아가고 있고, 입양 계획을 아이들에게 이야기했을 때 아이들도 다 동의했어요. 아기를 처음 데리러 간 날도 같이 가서 얼굴을 보고 데리고 왔어요. 첫째와 나이 차가 나니까 거의 업어 키우다시피 기저귀도 직접 갈아주면서 그렇게 같이 살았죠.

| 위기 청소년을 돕는 일, 시작한 계기가 있을까요? |

저는 모태 신앙으로 자랐고 교회 안에서 성장했어요. 그런데 중학교부터 부모님께 큰 문제가 없었는데 무슨 이유인지 모르지만, 왠지 모를 적대감이 생기면서 반항하는 시기를 보냈어요. 그러다 결국 고등학교 2학년 때 학업을 중퇴하고 공장에서 일도 하고 당구장에서 공도 닦아가며 생활했죠. 그러던 어느 날 친하게 지냈던 친구 세 명이 한 달 안에 다양한 사고로 죽었어요. 그 아이들의 죽음을 보고 장례를 치르면서 '나도 이렇게 죽겠구나' 하는 생각이 들더라고요. 지금껏 죽는다는 생각을 한 번도 하지 않고 살았는데 죽음 앞에서 제가 살아왔던 시간을 돌이켜 보니까 너무 부끄러운 거예요. 이렇게 살면 안 되겠다 생각하고 마음을 돌이켜서 고등학교 졸업 검정고시를 치르고 전인격적으로 회심하게 됐어요. '하나님, 제가 이제는 하나님 영광을 위해 살고 싶습니다. 기회가 된다면 방황하고 힘들어하는 아이들을 위해 살면 좋겠습니다.' 이런 마음을 가지고 새로운 삶을 살려고 노력하면서 신학과 청소년 관련 공부를 하게 됐어요. 1992년에 사역을 시작해서 지금까지 교회 내외에서 청소년과 함께해 왔던 것 같아요.

| 기억에 남는 인물이 있다면? |

2년 전에 어릴 때 굉장히 힘든 일을 겪은 한 아이가 저희 집에 왔어요. 감사하게도 몸과 마음이 많이 회복되면서 약을 안 먹어도 될 정도로 건강해졌는데, 이 아이가 퇴소를 열흘 앞두고 집에서 잠깐 치료받던 중에 사라져버렸어요. 밤새 연락하고 찾다가 아침에 경찰로부터 연락을 받았는데 아파트 화단에서 시신으로 발견된 거예요. 현장에 달려갔는데 믿어지지 않는 거예요. 너무 밝게 지냈고 회복되어 가고 있었는데 한순간에 왜 이렇게 된 걸까. 알고 보니 아이가 정신과 약을 의사의 판단 없이 본인 의지대로 잠시 끊었던 거죠. 그 사이에 친구들을 만나 술을 마시면서 복합적인 감정의 변화가 있었는지 그런 선택을 하게 된 것 같았어요. 그 아이가 센터 주관 연극에서 주연을 맡아 열심히 준비했었는데, 공연을 일주일 앞두고 이런 일이 생긴 거예요. 그래서 갑작스럽게 아내가 그 역을 맡았어요. '엄마의 바다'라는 연극인데 그 아이 역할이 '엄마'였어요. 한순간에 아이가 그렇게 떠나버리고 아내가 시설의 엄마니까 그 역을 맡아서 임시로 연습을 함께하면서 공연한 적이 있어요. 방황하든 사고를 치든, 마음을 아프게 하든 살아만 있어 주면 기회가 있는데. 그때 마음이 많이 힘들었죠.

| 드라마 〈소년 심판〉, 어떤 생각이 드세요? |

이 아이들을 주제로 드라마가 만들어졌다는 생각에 좋은 마음이 들었어요. 왜냐하면 지금까지 누구도 여기에 관심을 가지지 않았단 말이죠. 그리고 소년 범죄에 대해 너무 관대한 처분을 하는 게 아닌가, 촉법소년에 관련된 소년법 개정 등의 여러 변화가 필요하다는 메시지는 있는 것 같았죠. 거기에 대해 좀 더 사회적 논의가 필요하다고 생각해요. 그런 문제점을 드라마가 잘 비춰주는 것 같아요. 그런 부분을 어필하기 위해서 초등학생 유괴 살인 사건이라든지 강력 사건들을 중심으로 다루고 있더라고요. 하지만 5% 미만의 강력 범죄를 가지고 전체를 이야기할 게 아니라, 95%에 가까운 일반적인 비행 청소년, 위기 청소년의 상황을 더 많이 알렸으면 좋겠어요. 이 아이들이 어떻게 사회에서 건강하게 살아갈 수 있을지를 살피면서 강력 사건보다는 일반적인 아이들에게 주목해 주길 바라봅니다. 그리고 사건보다는 사람에게 주목해 주면 좋겠고요. 드라마에서 판사의 고민보다는 아이들의 고민에 좀 더 초점을 맞췄다면 또 다른 관점을 제공하지 않을까 하는 아쉬움은 있어요. 그리고 왜 그런 일이 생겼을까? 그럼 어떻게 도울 수 있을까로 접근한다면 너무 좋을 것 같습니다.

| 위기 청소년들에게 해 주고 싶은 말씀이 있다면? |

지금은 실수할 수 있죠. 십 년 뒤에 지금의 자신에게 한마디 한다면 "야, 너 십 대 때 이렇게 힘들었잖아. 그런데 그때 잘 버텨줘서 고마워. 이때 좀 더 옳은 선택해 줘서 좋아"라고 스스로에게 당당할 수 있고 고마워할 수 있는 모습을 만들어가면 좋겠어요.

| 저작 《다시 아빠 해 주세요》 |

아빠가 없는 아이들도 있지만, 아빠가 있어도 그 존재를 느끼지 못하는 아이들도 있습니다. 센터에서 함께 하면서, 센터장이면서 목사이자 선생이기도 한 저를 다양한 호칭으로 부를 수 있잖아요. 애들이 자기들끼리 저를 뭐라고 부를까 투표했대요. 그때 10표 중 7표가 '아빠'였어요. 이런 생각이 들었죠. '아이들은 아빠라는 존재가 참 그립구나. 내가 다른 어떤 역할보다 아빠 역할을 해 주길 원하는구나.' 아빠는 잘못된 것에 대해선 단호하게 꾸짖지만 그래도 뒤에서는 감싸줄 수 있고 든든한 배경이 되어주는 존재잖아요. 자기들이 아무리 실수하고 문제를 일으켰어도 '아빠'하고 달려와 안길 수 있는, 비빌 언덕이 되어주는 어른…. 제가 그런 존재가 됐으면 좋겠어요.

YouTube
〈좋은 인터뷰〉 임윤택 편 보기

| 〈비전 빌리지〉 소개를 부탁드립니다. |

'빌리지(village)'가 마을이란 뜻이잖아요. 공동체를 뜻하는 단어이기도 하고요. 이 땅을 향한 하나님의 비전을 우리가 마을 공동체를 통해 만들어가자는 의미로,〈비전 빌리지〉는 기독교 마을공동체 사역입니다. 교회, 학교, 농장, 빌라. 이렇게 4가지 사역을〈비전 빌리지〉라는 플랫폼에 묶어 사역 하는 것을〈비전 빌리지〉라고 부르고 있습니다.

| 일반적인 교회 개척보다 힘든 모델 아닌가요? |

개척을 준비할 당시 어느 지역에서 개척을 해야 하나 고민이 되었습니다. 기도하며 고민하다가 통계청 인구 센서스 데이터 기준으로 예수 믿는 사람이 가장 적은 지역으로 정하게 되었지요. 이 지역에 대해서 제가 아는 것도 없고 아는 사람도 없고, 이곳 출신도 아닌 데다 농촌에서 살아본 적도 없어서 걱정이 많았습니다. 그래서 지역 연구를 먼저 했는데 읍사무소, 지자체 홈페이지, 통계청 등의 자료를 받아서 마을의 다양한 통계를 먼저 수집했습니다. 경제적 수준, 인원, 연령대별 비율, 직업, 농작물 종류, 종교 등 이런 자료들을 모았어요. 그리고 그걸 토대로 13개 문항의 설문지를 만들게 되었죠. 주업과 주 소득원은 무엇인지, 교회에 대해 어느 정도 알고 있는지, 교회에 다녀본 적은 있는지, 교회 다니는 사람들에 대해 어떻게 생각하는지, 교회가 생기면 지역 사회에 어떤 도움을 주길 원하는지, 교회는 뭘 하는 곳이라고 생각하는지 등등의 물음이 담긴 설문지를 만들어서 교회 주변 50가구를 다 찾아다니며 조사를 했어요. 단순히 설문지를 돌려서 확인받은 게 아니라 한 사람 한 사람 다 심층 면접을 한 거죠.

초기 일 년 정도는 그분들과 친하게 지내기 위해서 일주일에 3일 정도 농사일을 도와드렸어요. 처음엔 저도 익숙하지 않았지만 배워가면서 도와드렸죠. 특히 어르신들이 대부분이라 기계 다루기 익숙지 않으시니 트랙터, 포크레인, 관리기 같은 농기계 작동을 도와드렸죠.

농업기술센터에서 귀농 귀촌 교육을 통해 농기계 사용법을 배웠지만 실전에서 사용하는건 저도 처음이라 겁도 많이 났죠. 다행히 기계랑 친한 편이라 금방 익숙해졌고, 지금은 웬만한 농기계는 다 다루게 되었습니다. 그렇게 여러 가지 농기계로 농사일을 도와드리면서 빨리 친해질 수 있었습니다.

설문을 조사하는 방법도 설문지 꺼내놓고 취조하듯이 조사하는 것이 아니라, 설문지 내용은 이미 머릿속에 있으니까 어르신들과 같이 식사하고 커피 마시면서 여쭤보는 거예요. 설문지 그대로, '교회 다니는 사람을 어떻게 생각하세요?', 'a. 좋다 b. 싫다' 이렇게 한 게 아니라, "어르신, 교회 다니는 사람 만나보신 적 있으세요? 그 사람들은 어떤 사람들이라고 생각하세요?" 자연스럽게 묻는 거죠. 이런 설문 결과와 앞에서 말씀드린 지역 연구 결과를 종합해서 교회, 농장, 빌라, 학교, 네 가지 사역으로 마을 공동체를 꾸려가면 교회가 농촌 지역 복음화의 사명을 감당하며 자립하며 살아남을 수 있겠다 싶었어요. 그렇게 〈비전 빌리지〉를 시작하게 된 거죠.

| 교회를 개척하며 기억나는 사람이 있다면? |

부산영안침례교회 박정근 목사님과, 창원명곡교회 이상영 목사님입니다. 저의 멘토이자 은사 되시는 박정근 목사님은 제가 〈비전 빌리지〉를 처음 시작할 때부터 지금까지 계속해서 후원해주고 계십니다.

박정근 목사님의 격려와 지지가 아니었다면 벌써 포기하고 다시 도시로 돌아갔겠죠. 힘들면 언제든 오라는 박정근 목사님의 말씀이 아이러니하게도 아무리 힘들어도 버틸 수 있는 힘이 되었습니다.

그리고 이상영 목사님은 저와 교단은 다르지만, 리버티 박사 과정을 함께 수학한 형님이신데 저에게 명곡교회 집사님 한 분을 소개해 주셨습니다. 전원주택을 짓는 현장 소장님이었는데 그분에게 건설 일용직 일을 배우게 되었습니다. 그분의 건축 현장에서 일주일에 삼일에서 많게는 닷새까지 일을 했습니다. 그런데 제가 완전 초보이다 보니까 용어도 모르고 공구 하나 쓸 줄 몰라서 일일이 가르쳐 주시면서 일을 시켜 주셨습니다. 저의 형편을 듣고는 저에게 건설 일용직을 통해 돈을 벌 수 있도록 도움을 주신 거죠. 그런데 더 놀라운 것은 2년쯤 지났을 때 이상영 목사님이 그 집사님 부부를 우리 교회로 파송해 주셨습니다. 파송 기간은 3년이었는데 잘 맞으면 계속 있고, 안 맞으면 돌아오라는 조건을 달았죠. 3년이 지난 후 그 집사님 부부는 우리 교회에 완전히 정착하셨고, 작년에 안수집사 직분을 받으셨습니다.

| 재정 운영이 심플하면서 도전적이었습니다 |

개척 예배를 드릴 때부터 교회 전체 재정의 50%를 구제와 선교, 전도에 사용하자는 계획이 있었어요. 교회 창립 비전 중 연보 헌금에 대한 내용이 있는데, 신약 성경을 보면 헌금을 '연보'라 표현 하잖아요. 우리 교회 같은 경우 헌금을 십일조, 감사, 절기 헌금 등 여러 이름으로 나누지 않고 본인이 한 달 동안 드릴 헌금 총액을 4주간으로 동일하게 나누어서 드리라고 권합니다. 그렇게 하는 이유는 매월 둘째 주는 교회에 헌금하지 않고 본인이 전도하고 싶은 전도 대상자, 구제하고 싶은 구제 대상자를 정해서 그 사람을 만나 밥이나 커피를 사주고 필요한 게 있으면 선물을 하며 그리스도의 사랑을 실천하며 전도하기 위해서예요. 그 주는 전교인이 다 같이 전도하는 주간이자 구제하는 주간이 되는 거죠. 그리고 셋째 주에 들어오는 헌금은 모두 매년 연말 사무 총회 때 성도들이 후원할 곳을 열두 군데 정해서 전액 다 보냈습니다.

그런데 시간이 좀 지나니까 교회 재정을 걱정한 분들이 본인의 셋째 주 헌금을 줄여서 첫째 주나 넷째 주에 몰아서 하시는 겁니다. 이거 안 되겠다 싶어서 사무 총회 때, 이렇게 하지 말고 매달 들어오는 전체 헌금(둘째 주는 어차피 교회에서 받지 않으니 3주간 들어오는 헌금이 전체가 됨)을 3분의 1로 나눠서 보내드리자고 했죠. 반대하는 분도 계셨지만 다수결로 그렇게 하기로 결정했습니다. 그 이후부터는 매월 전체 헌금의 3분의 1을 국내 선교(개척 교회, 탈북 단체, 요양 병원 등), 해외 선교(케냐, 중국 등), 지역 선교(장학금, 성탄 선물 등)에 전액 사용하고 있습니다.

| 특별한 20년 사역계획 |

개척을 하면서 사역 계획을 20년으로 세웠습니다. 좀 더 자세히 말씀드리자면, 2·3·5·10년을 합치면 20년이 되는 건데요. 초기 2년은 적응 기간입니다. 버텨 보는 거죠. 우리 가족은 한 번도 시골에 살아본 적 없으니까 선교지라고 생각하고 적응 기간이 필요했습니다. 적응하지 못하면 다시 도시로 돌아갈 수 있겠다는 생각을 했습니다. '해보고 적응 못 하면 다시 돌아갈 수 있지만 일단 2년은 버틴다' 이렇게요. 감사하게 아이들도, 저와 아내도 잘 적응했어요.

다음 3년은 〈비전 빌리지〉가 시작되는 기간입니다. 지역 연구를 통해 〈비전 빌리지〉에 대한 큰 그림을 그리고 플랫폼을 만들었지만 샘플이 없다 보니 그 시간을 준비 기간으로 생각했어요. 교회, 농장, 학교, 빌라 이 사역을 과연 어떻게 시작해야 할지, 하나하나 만들어가야 하는 상황이니 3년은 〈비전 빌리지〉의 네 가지 사역이 시작되는 시간이 됐지요. 감사하게도 그 기간 동안 하나씩 차근차근 시작할 수 있었습니다. 저는 교회 담임 목사, 비전 농장 대표, 도시 교회들과 연계해서 농산물을 판매하는 통신판매업 사장이기도 합니다. 그리고 학교를 세우면서 다음 목표는 장학 재단을 만드는 건데 그렇게 되면 재단 이사장 역할도 하게 되겠죠.

이후 5년 차는 〈비전 빌리지〉의 정착 기간입니다. 시작된 네 가지 사역이 잘 정착돼서 돌아갈 수 있도록 만드는 기간이죠. 그리고 그 뒤 10년은 〈비전 빌리지〉가 확장되는 기간으로 계획하고 있어요. 진행되었던 〈비전 빌리지〉에 대한 데이터를 잘 보관해서 쌓인 노하우와 겪었던 시행착오들을 나누고 싶습니다. 지금 여기 경남에 하나 있으면 경북에도 하나 있고, 호남에도 하나 있고, 충북에도 하나 있고 그렇게 말이죠. 〈비전 빌리지〉와 같은 기독교 공동체를 꿈꾸는 목회자들에게 자료를 나누며 같이 할 수 있도록 만들어 갈, 총 20년 사역 계획을 세워 진행하고 있습니다.

| 개척을 준비하는 분들께 드리고 싶은 이야기 |

많은 사람이 신도시 주변에서 개척하려고 하잖아요. 어떤 마음인지는 알겠어요. 저도 큰 교회에 있어 봤고, 프랜차이즈 교회 개척도 해 봤는데 사실 그게 쉬울 것 같지만 장단점이 있기에 상황에 따라 더 어려울 수도 있습니다. 신도시가 생기고 아파트가 수십 단지 들어오면 교회 역시 우후죽순 생깁니다. 그러면 교회 간의 전쟁이 시작되는데 좀 더 쉬운 개척지를 찾다가 오히려 어려운 개척지가 되는 거죠. 심한 경우 한 건물에 교회가 서너 개씩 있는 경우도 있습니다. 안타깝지만 안정적이고 풍성한 재정, 인적 후원을 받으며 종교 부지에 건축하고 들어오는 교회들이 우위를 점하는 것이 현실입니다. 어떻게 보면 농촌 목회는 개척 험지가 아니라 블루 오션이 될 수도 있습니다.

YouTube
〈좋은 인터뷰〉 조항철 편 보기

| '깊고넓은교회' 이름이 좋습니다 |

2016년 2월에 깊고넓은교회를 창립해서 개척 만 6년 꽉 채웠습니다. 자녀는 네 명 있습니다. 부산 용호동에서 목회하고 있습니다. 제가 해군 출신인데요. 부목사 때 집사님이 아마 제가 공군 출신이었으면 '높고푸른교회' 이런 이름으로 개척했을 거라고 이야기하시더라고요. 해군이라 그런 건 아니고요, '본질은 깊고 영향력은 넓자' 그런 의미에서 '깊고넓은교회'라고 이름을 지었습니다. 그것에 맞게 목회하려고 고민하면서 준비했었던 것 같아요.

고등학교 때부터 사역을 고민했었는데, 주변 분들이 하나님의 부르심이 있다면 분명히 때가 있을 것이라 말씀해 주셨어요. 그런데 군 생활을 하면서도 여전히 제 안에 끊임없는 갈등, 해소되지 않는 부르심에 대한 영역들이 있었어요. 군 생활을 하는 내내 제 안에 가장 큰 고민은 먹고 사는 것만을 위한 인생만큼 불행한 삶은 없다는 것이었죠. 뭔가 더 의미 있고 가치 있는 일이 뭘까, 물론 목회만 의미 있고 가치 있는 일은 아니지만 그런 부르심에 관한 생각들이 끊이지 않으면서 아이를 셋 낳고 전역한 후에 신학을 결심했을 때 처음에는 아내가 반대를 많이 했죠.

사실 아내가 신학과 출신이거든요. 절대 사모는 안 한다는 생각으로 직업 군인인 저를 만났는데 멀쩡한 남편이 갑자기 결혼하고 5~6년 지나 목회를 하겠다고 하니까 아내도 당황스러운 거죠. 제가 농담으로 한 번씩 그런 이야기를 해요. 내가 목사 된 건 아무래도 당신이 돌고 돌아서 사모를 안 하려고 했기 때문인 것 같다고요. 목회하고 싶은 마음이 있어서 직업 군인을 그만두고 신학을 한 건 맞는데 개척은 생각 못 했어요.

미국에서 목회학 석사를 마치고 한국으로 다시 돌아와 부산에서 3년 동안 부목사로 섬기면서 목양 부분에서도 잘 지도받고 훈련했죠.

목양이 하고 싶어 목사가 되었는데 부목사로 있는 동안 제약이 많았어요. 언제부터인가 아내에게 한 가정만 생기면 개척하고 싶다는 이야기를 했던 것 같아요. 그렇게 기도하고 준비하는 중에 정말 한 가정이 생긴 거죠. 담임 목사님께 개척하겠다 말씀드리고 시작하게 되었어요.

| 저작 《목사님, 구원받았는데 왜 행복하지 않을까요》 |

처음 쓴 책의 제목은 사실 제 질문이었던 것 같아요. 멀쩡한 직장 그만두고 하나님 앞에 헌신하는 삶을 살겠다고 결단했는데 왜 삶이 고되고 힘들까? 그런 부분을 고민하며 정리해서 쓰기 시작했는데요, 특별히 구원의 서정이라는 교리적인 내용을 기반으로 제 삶을 아우르며 썼습니다. 구원의 서정을 청교도들은 '골든 체인(Golden Chain)'이라고 불렀거든요. 절대 끊어질 수 없는 하나님의 사랑을 말하는 로마서 8장을 가지고, 예정-소명-중생-성화-영화의 내용을 설명하는데, 우리가 사실 교회를 오래 다녀도 교리를 딱딱하게 여겨 제대로 배워본 적이 없거든요. 그래서 은혜의 방편이 무엇인지, 성찬의 유익이 무엇인지에 대해서도 잘 모르기 때문에 이런 교리를 잘 정리해서 쉽게 가르치면 좋겠다는 마음에 이 책을 쓰게 되었습니다.

| 교회를 개척하며 가장 힘든 일이 있었다면? |

개척 만 4년을 넘기고 5년째로 접어들던 당시 몇 가정이 안 됐는데,

제 안에 그런 생각이 들더라고요. 내가 5년간 이렇게 열심히 했는데 아직도 아등바등 작은 목회를 하고 있으니 십 년 후, 이십 년 후라고 해서 뭐가 달라질까 싶으면서 갑자기 낙심되고, 좌절되고 우울증 같은 게 오더라고요. 그 기간이 상당히 길었어요.

어느 날은 주일 예배 후, 도저히 안 될 것 같아서 일 년 정도 제주도에 내려가 살고 싶다고, 온라인으로 예배드릴 테니까 들어오실 분들은 들어오시고 불편하신 분들은 떠나셔도 된다고 말씀드렸어요. 당시 제 상태가 도저히 현장에서 예배 인도를 못 하겠더라고요. 어쨌든 일 년 지나면 떠날 사람은 떠날 거고 정리가 다 될 것 같았어요. 그렇다고 목회를 아예 안 할 수는 없을 것 같아서 필요한 교회에 가서 주말에만 교육 목사로 섬기며 평일에는 일을 좀 하든, 글을 쓰든 제주도에서 그렇게 살고 싶더라고요. 그런 생각을 성도님들께 이야기했는데 그때 성도님들이 황당하게 여기지 않고, '우리 목사님 정말 힘드신가 보다' 하고는 밥 사주시고 격려도 해주시며 그렇게 저를 기다려주셨어요.

| 기억나는 사람, 기억나는 사건 |

아마 목사님들이 비슷할 것 같은데요, 성도가 떠나는 것은 적응이 안 되는 것 같아요. 게다가 저는 잘해준 것밖에 없다는 생각이 드는데 되려 저에게 서운함을 표시하면서 한 가족이 모두 떠나간 적이 있거든요. 아주 사소한 일로요. 오해도 풀어드리고 찾아가서 말씀도 드렸는데 쉽지 않더라고요. 그런 일을 겪을 때마다 목회가 내 힘으로 되는 게 아니구나 하는 것도 깨닫게 되었죠. 가장 어려웠던 부분은 제가 직업 군인 출신에다 미국에서 신학을 공부했기 때문에 한국에 신학교 동기가 없어서 힘들 때 부탁할 만한 지인이 없다는 거, 목회에 대해서 한 마디 조언 구할 곳이 없다는 그런 부분이 외딴섬처럼 느껴질 만큼 어려웠던 것 같아요.

| 애쓰고 있는 사역들 |

'부활주일과 추수감사주일 헌금은 전액 구제와 선교하는 곳에 쓰자.' 개척하면서부터 그렇게 결정했습니다. 금액이 크진 않지만, 미혼모 가정을 섬기기도 했고 산불이 났을 때 보내기도 했고 코로나 초기에는 개척 교회와 유학생들도 섬겼어요. 저도 그 시절을 경험했기 때문에 유학 중에 있는 사람들이 얼마나 힘든지 잘 알거든요. 여러모로 그렇게 섬기려고 노력했어요.

아이들이랑 같이 해마다 비전 트립을 갔었는데 개척하고 일본으로 두 해 다녀왔습니다. 단순히 관광하고 돌아오는 여행이 아니라 직접 사역할 수 있는 여행으로 준비했어요. 첫해에는 어른 4명, 아이들 6명이 갔고, 두 번째 해에는 어른 4명, 아이들 9명이 갔습니다. 일본 요양원에 방문해서 준비한 케이팝, 부채춤도 공연하고, 한국 음식을 만들어 섬기기도 했지요. 5-6개월 동안 매 주일 오후 시간을 이용해 일본어 공부도 하면서 준비하는 내내 좋았어요. 자녀들도 그 기간을 통해서 훌쩍 자랐던 것 같아요. 주일 오후에는 근처 풍경 좋은 곳으로 가서 나눔을 하기도 하고 자녀들이랑 함께 할 수 있는 이런저런 것을 자꾸 만들어서 정말 공동체가 되어가려고 노력했습니다.

| 교회 개척을 준비하는 동료들에게 |

저는 여전히 개척이 의미 있다고 생각해요. 뉴욕의 리디머교회 팀 켈러 목사님도 교회의 성장이냐 도시 부흥이냐, 우리에게 주어진 게 무엇이냐는 질문을 했죠. 우리에게 주어진 과제가 교회 성장이 아니라 도시 부흥인데, 도시 부흥은 대형 교회 한두 개가 할 수 있는 게 아니라는 거예요. 건강한 작은 교회들이 도시 안에서 샛강을 이뤄 복음으로 도시를 변화시키는 방식이 일어나야 도시 부흥이 가능하다는 거죠. 실제로 제가 개척을 해보니까, 대형교회는 성도 관리나 교회 유지에 아무래도 신경을 더 쓸 수밖에 없는 것 같아요. 그런데 작은 개척교회는 사실 그럴 게 별로 없거든요. 그러니까 스스로 찾아서 나가게 되고 관계를 맺게 되고, 어떻게 복음으로 살아낼까를 고민할 수밖에 없는 게 개척 교회더라고요. '개척은 이 시대에 하나님께서 원하시는 방식이다'라는 말처럼, 개척이 의미 있다는 걸 말씀드리고 싶고요.

두 번째는 개척을 너무 두려워하지 않았으면 좋겠다는 말씀도 드리고 싶어요. 개척을 준비하시는 분들이 가장 궁금해하는 게 재정적인 부분이잖아요. "개척하고 어떻게 사세요?" 이런 질문이 많아요. 저도 개척 당시, 2년 동안 한 달에 20만 원씩 지원해 주겠다는 약속 외에는 아무것도 없었어요. 애도 넷이니 여섯 식구인데, 제가 월 20만 원을 가지고 어떻게 교회를 운영하며 살아내겠어요. 정말 너무 뻔한 답인지 모르겠는데 때를 따라 돕는 은혜가 있었어요. 하나님 은혜는 충분했어요. 잘 버텨왔고 잘 지내왔고, 주님의 은혜는 지금도 여전히 충분합니다.

YouTube
〈좋은 인터뷰〉 성민규 편 보기

참디자인, 세움북스 대표
문화촌제일교회(합동) 장로

| 책을 만들기 전에 하셨던 일 |

2006년에 참디자인이라는 기독교 기획사를 창업해 2014년 세움북스를 시작하기 전까지는 그냥 디자이너였죠. 교회에서 주로 쓰는 전단지, 주보, 순서지 등을 만들고 교회사와 논문집을 만드는 업무를 계속해 왔어요. 더 거슬러 올라가 편집 디자인 일을 하기 전에는 영어, 수학을 가르치는 보습 학원에 몸담기도 했고요. 좀 특이한 이력이죠. 아내도 거기서 만났어요. 그렇게 일을 하던 중 학원 일에 문제가 생기고, 젊은 시절 디자인 쪽에 소명 받아 서원 기도했던 걸 떠올리며 큰 아이 한 살 때 디자인 공부를 다시 해서 여기까지 오게 됐어요.

| 책을 만들게 된 계기가 있을까요? |

출판사를 시작하시는 분들은 보통 강력한 동기나 목적이 있는데 저는 출판사를 자발적으로 시작하진 않았어요. 10년 전에 페이스북을 시작했는데 우연한 기회에 개혁신학을 추구하고 그 방면 독서를 많이 하는 그룹과 친해졌어요. 왜 그렇게 친구가 됐는지 모르겠는데, 어느 날 그분들이 제안하시더라고요. "책을 디자인하네. 그러면 출판사를 한번 해보면 어때?" 저는 잘 몰랐었는데 그때, 한참 기독교 출판시장 쪽에 '교리 열풍'이 일었던 때라 교리에 관련된 원고들이 많던 시대였나 봐요. 그 원고들을 받아 책을 만드는 출판사를 해보면 어떠냐는 제안에 2014년 출판사를 등록하고 문정식 목사님의 《거꾸로 읽는 산상수훈》이라는 책을 처음으로 출간했죠.

그렇게 10년 정도 지났는데 저도 예상치 못하게 지금까지 출간된 책이 200종이 넘어요. 감사하게도 1인 출판사로는 잘 성장해 온 사례로 남게 됐습니다. 그렇게 출판사를 시작하라고 제안하셨던 많은 온라인 친구들이 막상 시작하니 책이 나오면 자기 책처럼, 자기 일처럼 홍보를 많이 해줬어요. SNS 마케팅의 힘이 얼마나 큰지를 몸으로 체험한 거죠. 지금도 가끔씩 한 분 한 분 떠올리며 감사한 마음을 잊지 않고 있습니다.

출판사 초기에 요리 문답, 신앙 고백서 관련 책을 출간하며 그런 것이 제가 속한 합동 측 신학의 근간이라는 것을 사실 그때 처음 알았어요. 보통 세례받을 때 요리 문답 한 번 정도 그냥 읽고 지나갔는데, 그때 그렇게 접한 요리 문답과 신앙 고백서들이 우리의 정체성이라는 것을 알게 된 거죠. 그래서 그것과 관련된 책들을 초반에 집중적으로 냈어요. 때마침 한국교회가 교리에 관심을 많이 갖던 시기이기도 해서 즐겁게 책을 출간했죠. 초반 70~80권 정도, 거의 100권까지는 대부분 기독교 교리 관련 서적들이 많았어요. 그래서 많은 분이 세움북스를 '교리 전문 출판사'로 알고 있어요. 세움북스라는 이름은 저희 사명 선언문과 관련이 깊어요. '기독교 가치관으로 교회와 성도를 바르게 세우는 건강한 책을 만들자'는 의미인데 사명선언문 처럼 출판사를 경영할 수 있다는 기쁨이 정말 컸어요.

개혁신학을 베이스로 그것을 현장에서 쉽게 이해할 수 있도록 돕는 책을 꾸준하게 만들었어요. 그런데 한 3~4년 전부터는 조금 더 다양한 독자를 만나고 싶은 생각이 들더라고요. 또 다른 트랙, 기독교 문학에 관심이 생기면서 '세움북스 신춘문예'도 시작했고 '세움문학 시리즈'도 이어가고 있습니다. 그리고 출판을 하다 보니 알게 되었는데, 대부분 저자가 남성이더라고요. 여성 중에도 신학적인 이해가 깊고, 특별한 경험을 가지거나 필력이 좋은 분들을 알게 되면서 '여성 작가

시리즈'를 기획해 지금까지 뚝심 있게 밀고 나가는 중입니다. 그리고 '예수 믿고 성공했다'는 이야기 보다 일상의 보편적인 교회와 삶의 이야기에 관심을 갖게 되면서 '동네 교회 이야기 시리즈', '간증의 재발견 시리즈' 등을 기획했는데 의외로 반응이 좋아서 놀라기도 했습니다.

| 출판사 입장에서 좋은 작가는? |

우스갯소리로 제일 좋은 작가는 '자기 책을 많이 사주거나 자기 책을 굉장히 잘 파는 작가'라고 해요. 그렇게 따지자면 세움북스 저자 중에 김태희 목사님이 떠오르는데요 '중쇠의 사나이'라는 별명에 맞게 강의 때마다 책을 가지고 가셔서 판매를 정말 잘 하고 계십니다. 기독교 출판사들이 어렵다는 걸 아셔서 더 열심을 내는 것 같아요. 한편 출판사 입장에서 좋아하는 작가들이 있다면, 두 가지인데요. 첫 번째는 뻔하지 않게 글을 쓰는 작가가 좋아요. 글을 받아 보면 많이 봤던 원고, 누구나 쓸 거 같은 원고들은 관심이 덜 가더라고요. 그것보다는 기존에 있는 이야기라도 약간은 관점이 새롭고 글 쓰는 형식이나 방향이 좀 다른 글들, 뻔하지 않게 글 쓰는 작가들이 좋아요. 또 하나는, 신학적인 다소 어려운 주제들을 쉽게 잘 풀어 쓰시는 분들을 선호합니다. 신학이 일반 성도들에게는 부담스러운 영역이잖아요. 어려운 신학의 개념들을 독자들이 이해하기 쉽도록 잘 풀어서 쓰는 능력을 가진 저자와 작업하는 것이 저는 좋아요.

| 가장 큰 보람으로 기억에 남는 출판 서적이 있을까요? |

여러 책이 있지만, 이런 질문을 받게 되면 가장 먼저 생각나는 책이 《교리와 함께하는 365 가정 예배》라는 세움북스 초창기 책이에요. 저자분께서 원고를 출판사에 들고 찾아오셔서 같이 작업하게 된 책인데, 하이델베르크 요리 문답을 365일의 분량으로 나누어서 부모와 자녀가 함께 읽으며 매일 예배드릴 수 있게 만들었어요. 교리지만 굉장히 쉽게 글을 쓰는 분이라서 이해가 어렵지 않도록 글을 잘 풀어썼어요. 내용과 형식이 좋고 유익하다 보니 세움북스의 세 번째 책인 그 책이 지금까지도 가장 많이 판매되는 책이예요. 세움북스에 큰 도움이 되서 기억에 남는 책이기도 하지만 그 책이 가정 예배를 활성화하는데 기여했다고 평가받기 때문에 보람도 큽니다. 또 다른 이유로는, 그 책이 잘 판매되니까 다른 대형 출판사에서도 교리와 가정 예배를 묶은 책들을 굉장히 많이 내놨어요. 그 책의 영향력으로 인해서 더 많은 출판사가 교리를 통한 가정 예배에 관심 갖게 된 부분도 의미와 보람이 큰 지점이죠.

| 출판하며 아쉽고 안타까웠던 기억이 있다면? |

이런 질문 처음 받아서 생각을 좀 해봤어요. 제가 실수한 부분이 있더라고요. 그 실수라는 것이, 지금은 그렇게 하지 않을 자신이 있는데 초기에는 미숙함이 있었어요. 저는 특이하게 디자인만 하다가 출판하게 된 경우라서 출판사가 해야 할 일들, 과정들을 잘 이해하지 못한 경우가 많았더라고요. 인세 보고, 인세 지급, 판매 관리 등의 경험이 적다 보니까 미숙함이 드러나는 실수들이 있었어요. 완전한 제 실수 때문에 저자분들 중 몇 분은 상처 입으신 경우도 있을 거고 실수라기보다는 미숙함에서 오해가 생겨서 관계가 좀 잘못된 경우도 있고요. 그분들 생각하면 지금도 죄송한 마음이고 안타깝기도 하죠. 이 자리를 빌려서 사과 말씀을 드리고 싶습니다.

| 기독교 출판계의 가장 큰 어려움을 꼽는다면? |

제가 10년 경험했으니, 10년 차 입장에서만 말씀드릴 수 있을 것 같아요. 제가 느끼기에 기독교 출판 시장이 많이 작아졌어요. 처음 시작했을 때보다 많이 작아진 느낌입니다. 제가 세움북스 외에 〈누림북스〉라는 출판사를 통해 일반 대중을 위한 책도 한 10권 정도 냈거든요. 그렇게 일반 대중도 상대하며 기독교 시장을 바라보니 차이가 너무 크더라고요. 작은 시장으로 인한 매출의 한계가 사실 있어요. 거기서 오는 경영상의 어려움이 가장 크다고 볼 수 있지요.

독자들이 선호하는 주제의 책을 내는 것도 좋지만 독자에게 유익하고 필요한 주제인데 아직까지 잘 알려지지 않은 분야, 장르가 있을 거라는 생각이 들었어요. 그런 분야와 장르는 출판사가 지속적으로 독자들을 설득해 나가는 과정이 필요한 것 같아요. 세움북스 문학 시리즈, 여성 작가 시리즈, 간증의 재발견 시리즈 등이 현재 설득의 과정을 겪고 있다고 생각해요. 잘 설득이 되고, 인정받으면 나중에는 이런 장르도 세움북스를 튼튼하게 받쳐주는 기둥이 되지 않을까 기대하고 있습니다.

| 앞으로 계획이 있으시다면? |

일단은 한국인 저자를 계속 발굴하는 게 세움북스의 사명인 것 같아요. 그 작업이 재밌고요. 하지만 번역서를 만들고 싶은 유혹들도 있고 요구도 좀 있긴 한데, 저는 한국인 저자들과 같이 일하는 게 일단 좋아요. 그것이 개인은 물론 공동체에도 유익이 되지만 한국적인 신학과 신앙, 우리만의 이야기를 후대에 남기는 의미 있는 작업이라는 생각이 들더라고요. 그래서 앞으로도 지속적으로 한국인 저자를 개발하는 일에 힘쓰고 싶습니다. 또 하나는 세움북스의 공간을 좀 가지고 싶은 생각이 들어요. 기독교 출판사들이 연대해서 같이 작업을 할 수 있는 공간, 기독교 작가들이 함께 모여 작업할 수 있는 공간을 준비해서 작지만 의미있는 '기독교 출판 생태계'를 만들고 싶다는 소망이 생겼습니다. 언제가 될지 모르지만 한번 시도하고 싶어요.

YouTube
〈좋은 인터뷰〉 강인구 편 보기

나눔선교회 대표

| 나눔선교회 시작을 듣고 싶습니다 |

저는 1978년에 찬양 사역을 시작했어요. 찬양 사역자라는 이름도 없을 때, 교회에서 복음성가 부르면 쫓겨날 때, 음악을 공부한 것은 없는데 너무 좋아서 시작했죠. 그런데 2006년에 성대 쪽에 큰 수술을 하게 됐어요. 성대 결절도 있었지만 그건 아무것도 아닌, 혹도 생기고 제일 안 좋았던 것은 물이 차는 증상이었어요. 그때 수술하면서 의사 선생님이 앞으로 말할 수 없을 수도 있고 말을 한다 해도 탁한 목소리를 갖게 된다고 하셔서 찬양 사역을 내려놓을 수밖에 없었어요.

그때 하나님께서 제일 먼저 저에게 주신 은혜가 회개였습니다. 제가 잘 사는 줄 알았어요. 잘하는 줄 알았고. 그런데 기도하다 보니 회개할 게 너무 많은 나쁜 놈이더라고요. 찬양 사역이라는 허울 속에 감춰진 내 모습이 너무 부끄러워서 회개했어요. 두 번째로 주신 은혜는 선교였어요. 선교지에 갔을 때 주신 말씀이 사도행전 1장 8절, 소위 선교 구절이었어요. 사도행전 1장 6절에 제자들이 질문하잖아요. "이스라엘의 회복이 언제입니까?" 그런데 주님의 대답이 낯설더라고요. 8절 말씀만 봤지 그 부분은 한 번도 못 봤어요. 7절에 예수님께서 말씀하시기를, '너희 알 바 아니다.' 그리고 8절을 이야기하시더라고요. 그때 제가 망치로 한 대 얻어맞은 듯한 충격을 받았어요.

하나님 앞에 매달리면서 어떤 질문을 해도 너희 알 바 아니니 너는 복음만 전하라는 마음을 주시더라고요. 크게 충격을 받았어요. '내 모든 것을 그냥 다 맡기고 나는 복음만 전하고, 증인만 되면 되는구나.' 그걸 깨닫고 선교지를 다시 가본 거예요. 그랬더니 먹을 물이 없어서 헤매는 사람이 보이고, 전기가 없어서 해만 떨어지면 깜깜한 어둠 속에 사는 사람들이 보였어요. '불 켜줘야겠다.' 하나님 앞에 회개하고 직접 선교지를 보고 왔더니 한 걸음 더 나아가게 만들어주시는 거예요. 그래서 2007년 초부터 태양광 사역을 시작했습니다.

| 기억에 남는 이야기가 있을까요? |

제일 먼저 설치한 데가 필리핀 산지인데 현지에서 중국제 재료를 사서 2시간 올라가 설치해 주고 돌아왔죠. 6개월쯤 지났을 때 그 마을을 다시 지나갈 기회가 있었어요. 더 깊은 산중에 설치하러 가는 길이었는데, 전에 들렀던 마을이 보이더라고요. 마침 수요일이라 저녁 예배를 드리고 있는 거예요. 설치할 당시에 교인이 한 20명 정도였는데 흙으로 지은 그 좁은 교회에 한 백여 명 가까이 빼곡하게 모여서 예배를 드리는 거예요. 백여 명이 들어갈 공간이 아니거든요. 그런데 정말 그렇게 모여 앉아서 예배를 드리는 거예요. 깜짝 놀랐죠. '어? 목회를 잘하나 이분이? 어떻게 반년 만에 이렇게 성장하지?' 예배 마치고 물었어요. "목사님, 어떻게 이렇게 교회가 급성장했어요? 반년 만에." 목사님 답이 놀라웠어요. "당신이 여기 와서 이거 달아줬잖아요. 우리 마을 전체가 빛 하나 없는 산지잖아요. 빛이라고는 우리 교회밖에 없으니까 매일 저녁 사람들이 놀러 왔어요. 태양광 전지 설치한 날부터 아이들이 와서 공부하고 결혼식도 저녁에 하고 마을 회의도 하고 그러면서 교회가 급성장한 거예요." 그때 이것이 정말 복음 전하는데 너무 좋은 도구다 싶더라고요. 그래서 태양광 사역이 본격적으로 시작됐죠.

| 유지하기가 쉽지 않으실 텐데요 |

'찬양랜드'라는 음향, 영상, 악기 업체를 1996년도에 설립해서 대표가 되었습니다. 지금은 당시 직원이 물려받아서 사업을 이어가고 있고요. '찬양랜드'라는 업체가 선교회 처음 시작할 때 큰 밑거름이 됐고 지금도 여전히 경제적인 부분을 많이 도와주고 있어요. '찬양랜드'를 세울 때 '선교하는 기업'이 유일하고 분명한 목표였습니다. 그렇지만 '찬양랜드'가 다할 수는 없으니까 후원자를 모집하는 시스템을 만들었죠.

제가 찬양 사역자 출신이다 보니까 현역 찬양 사역자들이 모두 후배나 아들딸 같아요. 지금은 전화 한 통이면 교통비 정도만 받고 달려와주는 후배들과 함께 콘서트를 열어서 후원자 세우는 일을 하고 있습니다. 사실 제가 그런 자리를 만들어 찬양 사역자들을 부지런히 세우는 이유가 있어요. 찬양으로 섬기겠다고 하면 교회가 문을 잘 열어주지만, 선교사가 간증한다고 하면 좀 불편해할 수도 있거든요. 그리고 또 다른 이유는, 찬양 사역자가 찬양으로는 쓰임 받으며 할 수 있는 것에는 한계가 있어요. 제가 과거에 크게 회개했잖아요. 그때 주신 은혜의 메시지가 이거였어요. "네가 30년 동안 불렀던 찬양의 가사대로 살아왔느냐?" 저는 찬양 사역자들이 우리 콘서트에 동참하면서 그 은혜를 경험하길 원해요. 후원자를 세우는 것은 두 번째 목표에요.

| 〈태양광 전기〉 어떤 지역에, 어떤 형태로? |

선교회가 시작되기 전에는 현지에서 물건을 사서 조립을 한 후 설치

했어요. 그런데 중국제 제품이 고장이 너무 많이 나요. 선교지는 다시 가서 A/S 해주는 게 힘듭니다. 물론 기존에 나와 있는 완제품 중에도 좋은 것이 많이 있습니다. 그런데 그것도 제 마음에 안 들어요. 왜 그런가 하면 선교지 형편에 안 맞아요. 그래서 아예 배터리부터 모든 컨트롤박스를 한 세트에 넣어서 세팅해주고 문을 잠가 걸어버립니다. 그래야 현지인들이 건드리지 못하고 고장 없이 오래 사용할 수 있거든요. 아프리카 친구들 대단해요. 만지기를 얼마나 좋아하는지 모릅니다. 거기서 전기를 따서 자기 집으로 끌어다 쓰면서 다 고장 냅니다. 그래서 그 뒤로부터는 우리가 아예 세트를 만들어서 고정해 줘요.

동남아에 가면 우리나라 배터리 제품이 다 수출돼 있어요. 다 살 수 있어요. 그런데 아프리카 같은 경우는 한국 제품이 없어서 좋은 제품을 못 구하는 경우가 많아요. 우리가 원하는 배터리 용량이 만약 100이다, 그러면 용량이 배로 큰 200짜리를 만들어요. 그러면 우리가 생각했던 100 정도 성능이 나오는 거죠. 돈은 많이 들어도 그렇게 해야 합니다.

| 〈옆집 언니들〉 작은 교회 섬기기 프로젝트 |

코로나로 비대면 예배가 돼버리고, 모든 찬양 집회나 선교사 간증 집회가 다 멈췄어요. 곧 풀리겠지, 풀리겠지 하면서 지나왔는데, 저 혼자 움직이는 개인 간증은 계속했지만, 찬양 콘서트가 다 멈춘 거예요.

그런데 제가 찬양 사역자 출신이다 보니까 후배들 생각이 나더라고요. 사실 찬양 사역자는 경제적인 것도 어렵지만, 설 수 있는 무대가 없다는 것도 참 힘들거든요. 그게 자기와의 싸움이에요. 일이 없으면 사람이 굉장히 힘들잖아요. 그렇게 고민하며 기도하는 가운데 홍보대사 중 한 분인 김승희 교수님이 놀러 왔어요. 그런 어려움을 나누는데 "선교사님, 진짜 우리 찬양 사역자들 너무 힘들어요" 하시더라고요. 자리를 만들고 싶은데 찬양 사역자가 먼저 "뭐 해주세요. 집회 열어주세요" 요구하지도 못하고 너무나 어렵다는 이야기였어요. 누군가는 해 줘야 할 일인데 싶었죠. 마침 제가 어느 정도 인맥이 있고 또 우리에겐 나눔선교회의 지명도가 있으니까 해주겠다고 말했어요. 다만 사례는 어렵다고 했는데 괜찮다고, 헌신 돼 있는 친구들이 있다고 하더라고요. 그래서 교통비를 지출하는 정도로 시작했죠. '코로나로 인해 힘든 작은 교회를 위로해주자.' 그런 취지로요.

30명 이하 교회를 기준으로 잡았어요. 팀 이름은 김승희 교수가 정한 거예요. 〈옆집 언니들〉 페이스북에 '이제 이런 일을 할 겁니다. 30명 이하 교회는 신청해 주세요'라고 광고를 했는데, 정말 깜짝 놀란 게, 이틀 만에 36개 교회가 신청했어요. 그걸 보면서 생각했죠. '목사님들이 너무 하고 싶은데 사례비 때문에 시작을 못 했구나.' 목사님들께 전화가 왔어요. 두 세분이 진짜 똑같은 질문을 하시더라고요. 진짜 사례를 준비하지 않아도 되느냐고요. 그렇다고 했더니 다른 이야기를 들려주시더라고요. 그렇게 한다고 해서 찬양 사역자를 초청했더니 음반을 팔아 달라 하더래요. 혹은 기름값을 요구하고요. 그래서 "그것도 없습니다. 식사까지도 우리가 부담하겠습니다." 그렇게 시작되었죠.

| 준비하고 있으신 계획이 있을까요? |

무계획이 계획입니다. 복음으로 달려가는 것은요, 하나님이 다 해주세요. 시기는 또 주님의 때가 있잖아요. 우리 선교회 이사님들도 모일 때마다 드리는 기도가 있어요. 우리 목적을 두고 기도합니다. "우리는 복음 전파하러 간다. 우리는 NGO아니다. 복음 전파가 안 되면 이 일을 할 이유가 없다." 네, 그거죠. 오로지.

YouTube
〈좋은 인터뷰〉 정경섭 편 보기

제 2 부

저에게는 꿈이 있습니다

| 선교지로 어떻게 가게 되었나요? |

선교사이신 부모님을 따라 2010년도에 파송예배를 드리며 가족 전체가 페루로 파송 받아서 가게 되었고요. 그때 중학교 2~3학년 정도 나이였고 동생도 막 초등학교 졸업한 나이로 어렸지만, 왠지 모르게 '하나님께서 함께 하신다.'는 믿음이 있었어요. '든든한 부모님이 계시니까 난 괜찮아' 이렇게 생각하면서 페루에 갔던 것 같아요.

페루에서는 주로 음악, 의료, 교육 사역을 섬겼어요. 부모님을 도와 통역가로 함께 하며 주일학교라든지 찬양 인도자로서 섬기면서 그 시간 동안 하나님을 깊이 만나며 인격적으로 체험하는 시간이 되었던 것 같아요. 페루에서 약 5~6년 정도 부모님과 같이 지내며 중, 고등학교를 마치고 대학교에 들어가기 위해 한국에 들어오게 됐습니다. 한국에 들어오게 된 배경도 굉장히 특이하다고 할 수 있는데요. 2014~2015년쯤 동생이 유튜브에 재미로 저희 남매가 노래하는 영상을 몇 개 올렸는데 그걸 당시 〈K팝 스타〉 작가님이 우연히 보시고 메일을 보내신 거죠. "〈K팝 스타〉 시즌4 오디션을 하고 있으니까 항공표를 보내주겠다, 한국에 오라"면서 직접 섭외를 해주셔서 그 기회로 한국에 들어오게 되었고 들어온 다음에 동생은 연예 기획사에 소속되어서 연습생으로 생활했고 저는 한동대학교에 입학해서 공부하게 됐습니다. 박진영 씨, 양현석 씨, 유희열 씨 다 앞에 계시니 막 떨면서 오디션을 봤던 기억이 있어요.

| 선교지에서 보낸 청소년기 |

저희가 갔던 지역에는 한국인이 저희 가족밖에 없었어요. 사역은 그런 낯선 환경과 사람들을 이해하고, 그걸 넘어서서 그 사람들을 사랑해야 하잖아요? 그 과정들이 정말 쉽지 않았던 것 같아요. 많은 시간과 노력과 기도가 필요했죠. 그래서 그 시간이 저에게 큰 전환점이었던 것 같아요. 신앙적인 측면도 있지만, 특히 청소년기에 저와 동생이 사춘기를 엇나갈 수도 있고 부모님께 반항할 수도 있잖아요. 그런데 그때 느꼈던 감정들, 외로움, 한국 땅을 향한 그리움을 음악으로 잘 풀었던 것 같아요. 서로 온전히 이해해줄 수 있는 친구가 가족밖에 없으니까 남매 둘이서 "이런 가사로 곡을 써 보면 어떨까?" 하면서 곡을 써보고 같이 노래하며 화음 맞춰보면서 지혜롭게 사춘기를 보낼 수 있었던 것 같아요.

동생이 어렸을 때부터 항상 제 편을 들어주고 정말 잘 따랐어요. 페루에서도 동양인이니까 놀리는 친구들이 있잖아요 "어머, 쟤 못생겼어." 이런 말이 다 들리는데 아무렇지 않은 척하고. '뭐, 질투 나나 보지.' 그렇지만 뒤에선 혼자 화장실 가서 울고. 서러운 마음에 동생한테 찾아가서 "광일아, 쟤가 나 못생겼대" 이러면서 울면, 동생이 "누가 그랬어?" 이러면서 혼내주고. 그런 애틋함이 있었죠. 지금은 그런 모습이 어딜 갔는지 모르겠어요.

| 낯선 문화와 환경, 많은 어려움이 있었을 것 같습니다 |

스스로 싸워나가야 한다는 사실이 가장 어려웠어요. 하나님 안에서 정체성을 찾고, 그 정체성을 꽉 붙잡고 건강하게 성장해야 하는데 쉽지는 않았죠. 내가 누구고 왜 내가 이 페루라는 땅에 있고 이곳에서 내가 무엇을 해야 하는지. 하나님의 자녀라는 말을 무수히 들어왔지만 내가 하나님의 자녀로서 페루라는 선교지에 와서 무엇을 할 수 있을까? 어떤 선교적 사명을 가지고 살아야 하는가? 이런 생각을 어렸지만 계속했던 것 같아요. 가장 어려우면서도 값진 고민을 했던 시기였습니다.

| 찬양 사역을 시작하게 된 계기를 알고 싶습니다. |

작년에 극동방송에서 주최하는 〈가스펠 싱어〉라는 대회에 학교 친구들과 같이 참여했어요. 저희가 SNS 인기상 받았습니다. 첫발을 그렇게 내디디게 되었습니다. 제가 어렸을 때부터 어머니로부터 받은 영향도 있고 찬양을 계속 들으면서 컸기 때문에 찬양은 친구 같은 존재였던 것 같아요. 언제일지는 모르겠지만 '나도 언젠가는 찬양하는 사람이 될 거야'라는 생각이 어려서부터 계속 있었어요. 어머니한테 영향을 많이 받았던 게, 어머니께서 찬양을 굉장히 좋아하시고 잘 부르셨어요. 찬양하시며 하나님과 소통하는 모습이 어렸지만 느껴지는 거예요. 나도 크면 엄마처럼 찬양을 통해 주님과 대화하고 주님을 깊이 만나고 싶다는 생각을 했어요. 아직 희미하지만, 구체적으로 조금씩 찬양 사역을 이어가고 싶은 마음입니다.

| 비슷한 환경에서 살아온 동생 이야기 |

저보다 모든 면에서 뛰어난 친구예요. 제가 인내가 부족할 때 그 친구는 더 인내하고 제가 사랑할 수 없을 때 그 친구는 더 사랑하더라고요. 짧지 않은 연습생 시절을 5년 정도 보내고 데뷔를 한 건데, 동생이 어떻게 이 악물고 그 시간을 견뎠는지 지켜본 사람으로서 참 대견하기도 하고 동생이지만 존경스럽기도 해요. 남모를 어려움이 많았을 것 같아요. 표현을 잘 못 하는 친구여서 혼자서 많이 참고 힘들었을 것 같아요. 항상 저를 먼저 챙겨주는 친구여서 동생이지만 참 듬직하죠. JTBC '슈퍼밴드' 방송에서 '루시'라는 팀을 결성해 준우승을 했고, 올해 데뷔도 하며 재밌게 음악하고 있는 것 같더라고요.

| 계획이 있으신지요 |

기회가 된다면 작게나마 유튜브 채널을 개설해서 저의 음악 작업 활동을 업로드하게 될 것 같아요. 페루에서 청소년기를 보내면서 인생의 전환점을 맞이했는데 제2의 전환점이 필요하지 않을까 생각이 들더라고요. 방송국 스태프 일을 하고 있지만, 내년에 일을 그만두게 되면 뭔가 내 인생에서 전환점을 하나 더 맞이하고 싶다, 새로운 도전을 하고 싶단 갈증이 있어서 음악도 좀 더 배워보고 싶어요.

YouTube
〈좋은 인터뷰〉 신예은 편 보기

| 근황이 궁금합니다 |

2018년부터 한국침례신학대학교에서 강의했어요. 그리고 작년 2020년 2학기죠, 침신대 전임 교원으로 임명돼서 학생들을 가르치고 있습니다. 그런데 아쉽게도 코로나 상황 때문에 학생들을 직접 대면할 수가 없었어요. 온라인 강의를 준비하고, 전임교원으로 들어오다 보니 학교의 일과 방식들이 있잖아요. 그것들을 좀 배우고 따라가며 이런 저런 것들을 하다 보니 사실 쉴 틈 없이 바쁘게 지내고 있습니다.

아버지가 침례교 목사님이시고, 저도 침신대에서 학부를 졸업하고, 외국에 나가서 성서학 과정으로 공부한 다음에 다시 또 침신대로 돌아와 학생들을 가르치고 있으니까 성경의 인물로 비유를 하자면, 신앙적인 배경이 있고 무탈하게 온실에서 자란 디모데처럼 보일 수 있을 것 같아요. 그런데 제 삶이 그렇게 순탄하지는 않았습니다. 저에게도 사춘기 시절이 있었단 말이죠. 그 사춘기 시절에 저도 한 비행했습니다. 소위 비행 청소년이라 불리는 친구들과 함께 여기저기 날아다니던 때가 있었죠. 근데 또 돌이켜 생각해보면 그런 시간이 있었기 때문에 사람에 대한 이해라든가, 연민이라든가, 공감이라든가, 이런 것들이 좀 생기지 않았나 싶어요.

사실 조금 부끄러운 이야기긴 하지만, 제가 신학교에 입학하게 된 계기도 소명이 있어서 신학교에 온 게 아니었어요. 당시에 제가 원하던 학교가 있었고 그곳으로의 진학이 좌절되자 아버지께서 침신대를 권유하셨고, 이런 것들이 맞물리면서 차선책으로 오게 되었습니다. 이게 참 역설적이지만 다른 친구들 같은 경우는 본인의 신앙을 신학교에 와서 정립하며 견고히 하는데 저 같은 경우는 신학교에 와서 신앙에 대해 의심도 많이 하고 회의도 많이 하는 그런 시간을 거쳤었어요.

실제로 짧은 기간이기는 하지만 '하나님을 믿고 싶지 않다' 하나님을 부정하며 교회를 떠났던 적도 있었습니다. 그런데 지금은 감사하게도 하나님이 다시 돌아오게 하셨죠. 그런데 또 한편으로 생각을 해보면 그렇게 벗어나 있었던 시간이 있었기 때문에 '하나님이 누구신가', '내가 하나님을 믿는다는 것은 어떤 것일까?' 이런 질문에 정직하게 대면할 수 있었던 것 같아요. 그 시간을 이렇게 다 거치고 나니까 제 신앙이 훨씬 더 견고해졌다는 느낌이 들었고요. '앞으로 이런 사역을 하면 좋겠다'는 부르심에 대해서도 좀 더 분명한 그림이 그려졌던 것 같아요. 참고로 지금은 하나님 잘 믿고 있습니다.

| 신학교에서 만난 하나님 |

제가 신학교 2학년 마칠 때쯤, 저의 상태를 한번 되짚어봤거든요. 하나님에 대한 기대가 전혀 없었어요. 왜냐하면, 내 복지에 아무런 관심이 없으시고 간절한 기도에도 묵묵부답이신 그 하나님께 내가 무슨 기대를 걸었겠습니까? 그 기대를 모두 내려놓았던 순간에 하나님이 예상치 못한 형태로 제 삶에 불쑥 찾아오셨어요. 그때가 1999년 1월 8일이었는데 그때 예수님을 인격적으로 만나게 되었습니다. 20년 이상을 교회 안에 머물며 아무렇지도 않게 반응했던 그런 말씀들이, 그저 앵무새처럼 막 읊어왔던 그런 말씀들이, 제 영혼을 찌르기 시작했어요. 제 영혼에 아주 큰 파장을 일으키기 시작한 거예요. 그때 제가 하나님 앞에 완전히 굴복하고 예수님을 영접하게 됐어요.

제 신앙 여정을 돌아보면 제가 하나님 말씀에 대한 이해가 부족했을 때, 혹은 하나님 말씀을 오해하고 있었을 때, 제 신앙이 흔들거렸고요. 반대로 제가 하나님의 말씀에 대해 더 많이 알아가고 풍성한 이해에 도달했을 때 제 신앙이 어느 때보다도 견고해지는 것을 발견했습니다. 저는 하나님 말씀을 아는 것이 굉장히 중요하다고 생각해요. 그리고 하나님에 대해 제대로 된 지식을 갖는 것이 그리스도인에게 중요한 일이라고 생각합니다. 신학대학의 전임 교원이 되었으니 그 사명을 잘 감당하려고 합니다.

| 교수로 삶을 시작하게 된 계기 |

제 회심 체험을 통해 말씀을 가르치는 자로 저를 부르셨다는 것을 확신했어요. 그런데 지역 교회의 목사로서 부르심을 받았는지 아니면 신학교 교수로서 부르심을 받았는지, 이 부분은 제가 신학을 공부하면서부터 계속 갈등하고 고민하며 기도했던 것 같아요. 작정하고 기도해도 잘 모르겠더라고요. 저는 교회에서 설교할 때도 가슴이 막 뛰고 학교에서 학생들을 만나서 가르칠 때도 너무 즐겁거든요. 그래서 진로 선택이 너무 어려운 거예요. 여러 가지 기회가 올 때마다 분별하며 기민하게 반응했는데, 하나님께서는 공부하고 연구하고 가르치는 학교 쪽으로 계속 길을 여셨어요. 그래서 '아, 이게 하나님의 인도하심이구나' 이렇게 받아들였고 지금 여기에까지 이르게 된 것 같습니다.

| 글을 읽고 쓰는 일을 소명의 중요한 일부라고 생각합니다 |

일단은 논문을 진짜 열심히 쓰려고 노력을 했던 것 같아요. 한번 세어 봤어요. 제가 본격적으로 논문을 쓰기 시작한 게 2016년이었거든요. 그때부터 이런, 저런 저작물을 다 합쳐보니까 출판된 게 16편이더라고요. 계산을 해보면 1년에 평균 3편 이상씩 쓴 거죠. 이렇게 논문을 많이 쓰는 실용적인 이유가 있습니다. 이거는 기밀 누설인데, 아마 모든 교수님이 사실 비슷할 거예요. 전임 교원이 되기 전에는 그 포지션을 얻기 위해서, 전임 교원이 되고 난 이후에는 그 포지션을 안전하게 지키기 위해서 논문을 쓰죠. 지극히 실용적인 이유입니다.

하지만 더 중요한 이유가 있어요. 저는 목회자, 신학자가 기본적으로 하는 일들이 많지만, 반드시 피하지 않고 해야 할 일이 있다면 그것은 읽는 일, 쓰는 일이라고 생각해요. 그래서 결국에는 어떤 담론을 만들어내는 것이죠. 그리고 거기서 그치는 것이 아니라 이런 활동들을 통해서 사람들의 삶에 변화를 가져오는 일을 해야 한다고 생각합니다. 저는 학자로서 논문 쓰는 일이, 목회자들은 지역 교회에서 설교문을 매주 작성하는 일이 그런 일이라고 생각합니다.

| 전공이 신약, 예수님 이야기가 가득한 복음서입니다 |

보통 우리가 학계에서 기독교의 기원, 기독교의 시작에 관해서 탐구할 때 자주 쓰는 용어가 있어요. 'Jesus Movement' 번역하면 '예수 운동'이죠. 이걸 좀 다르게 설명하자면, 기독교 신앙과 기독교 복음 그 중심에 있는 분이 바로 예수라는 인물이라는 것입니다. 가령, 바울을 보면 자신의 복음에 대해 설명할 때 예수라는 인물에 집중합니다. 본인이 복음에 대해서 이런 말 저런 말 다 풀 수 있지만 거두절미하고 하나로 정리해 보자. 복음을 한 문장으로 정리해 보자. 그렇게 하면 결국 예수에 관한 것이다. 그리고 그 예수가 십자가에 달려 죽으셨다는 것이 복음의 핵심이라고 이야기를 하는 거죠. 그런데 사실 예수님의 그 말씀과 행적에 대해서 가장 집중적, 집약적으로 풀어놓은 책이 바로 복음서입니다. 이 땅에 예수님께서 오셔서 무엇을 가르치셨고, 어떻게 행하셨고, 그래서 예수 믿는 자들은 어떻게 살아가야 하는지에 대해서 가장 섬세하게 풀어놓은 책이 복음서라는 거죠. 우리가 이 복음서를 어떻게 멀리할 수 있겠습니까? 그래서 저는 제가 연구하고 가르치는 복음서가 참 좋은 것 같아요.

| 복음서가 아닌 다른 책(인물)을 연구하셨다면? |

제가 Th. M.(석사) 과정에서 바울 관련 주제로 논문을 썼었어요. 듀크 대학교에서 리처드 헤이스 교수님과 '로마서에 나타난 바울 복음의 윤리적인 관점'에 대해서 썼어요. 사실 박사 과정에서도 저는 바울과 그의 서신에 관해 논문을 쓰고 싶었어요. 제 멘토이신 크레이그 키너 교수님께 "바울 서신 쪽으로 논문을 쓰고 싶습니다" 이렇게 이야기 했는데 "지금 내가 주력하고 있는 분야는 사도행전과 복음서인데 주제를 바꿔 볼 생각이 없는가?" 이렇게 이야기하시더라고요. 전혀 예상하지 못한 대답이긴 했는데 고민 끝에 결국 복음서로 주제를 바꾸었죠. 그 선택이 저에게는 좋았던 것 같아요, 바울도 공부해 보고 예수님도 공부해 보고.

만약에 신약학을 하지 않았더라면, 상담학 공부를 해서 상담 관련 일을 했을 것 같아요. 제가 원래 이야기하는 것과 듣는 것을 굉장히 좋아해요. 주변 사람들이 많이 해주는 피드백 중의 하나가 저와 이야기를 나누면 제가 경청하는 것을 느낄 수 있다고 하더라고요. 그리고 반응이 되게 좋대요, 잘 웃어주고. 아내가 가끔 우스갯소리로 하는 이야기가 있는데 제가 잘 웃어줘서 결혼했다고 하더라고요. 재미없는 이야기를 해도 빵빵 터지니까, 이야기하는 입장에서는 기분 좋잖아요? 제가 그렇게 살고 있습니다.

| 소망하는 교수상이 있을까요? |

학부 시절에 들었던 강의 중, 기억에 선명하게 남아있는 장면들이 몇 개 있어요. 그중 하나가 기독교 윤리학 수업이었거든요. 그때 교수님이 이런 말씀을 하셨어요. "스승은 제자보다 딱 한 발짝 앞서가는 사람이다." 제가 이 말을 나이가 들수록 계속 곱씹어 보게 돼요. 스승이 너무 뛰어나서, 너무 잘나서 저기 멀리 있으면 제자 입장에서는 '저분을 따라가고 싶다. 저분을 본받고 싶다' 이런 생각이 안 드는 거예요.

현실감이 없는 거죠. 너무 먼 당신이에요. 근데 또 한편으로 스승과 제자가 동일 선상에서 걸어가고 있으면 그것도 곤란하다는 거예요. '나랑 별 차이가 나지 않는 사람이네. 나랑 똑같은 사람이네'라는 생각이 들면 그분을 존경하거나, 그분에게서 뭔가를 배우고 싶다거나 이런 생각이 전혀 안 드는 거죠. 그러니까 딱 한 발짝 앞서가며, 학생들이 따라갈 수 있고 또 따라가고 싶다는 생각이 들게 하는 그런 교수가 되고 싶어요.

| 앞으로 만날 학생들에게 |

첫 번째는 사명을 가지고 열심히 공부하라는 말을 하고 싶어요. 저는 신학생 시절이야말로 노선을 가리지 않고 책을 읽고 기존 사고방식에 대해 과감하게 질문도 던져보고 새로운 가능성을 탐색할 수 있는 그런 시기라고 생각합니다. 그래서 만약 본인이 의심하고 회의하는 것들이 있다면 끝까지 한번 밀어 붙여 보기도 하는 거죠. 사역 현장에 나가서 그런 고민과 방황을 하면 안 되잖아요?

두 번째는 시대를 이해하는 눈을 가지라고 말하고 싶습니다. 칼 바르트라는 신학자가 아주 유명한 이야기를 했어요. "한 손에는 성경을 다른 한 손에는 신문을." 성경을 배우는 것, 성경을 연구하는 것은 아무리 강조해도 지나침이 없습니다. 그런데 우리가 시대를 읽는 눈이 없다면, 우리가 신문을 멀리한다면, 세상을 이해하는 힘이 결여되어 있다면 우리의 증언과 선포가 자칫 시끄러운 소음으로 변질될 수 있습니다. 그래서 공명하는 말씀 선포를 위해서는 시대를 끊임없이 읽으려고 하는 그런 노력이 필요하다고 생각해요.

세 번째는요, 앞의 두 가지 이야기하고 조금 모순되는 이야기일 수도 있겠지만 틈나는 대로 그리고 시간 나는 대로 열심히 놀고 삶을 즐기고 향유하라 말해주고 싶습니다. 잘 노는 학생이 공부도 잘하더라고요. 하나님 나라를 꿈꾸고 미래를 준비하기를 원하시는 학생들, 한국침례신학대학교로 꼭 오시기를 바랍니다. 한국침례신학대학교에 오시면 좋은 교수님들과 공부할 수 있고요. 멋진 친구들과 동역자들도 만날 수 있습니다. 여러분을 기다리고 있겠습니다. 여러분들 계획하신 일들 모두 이루시기를 기도합니다. 감사합니다.

YouTube
〈좋은 인터뷰〉 권영주 편 보기

한국침례신학대학
신학과 교수(구약학)

| 자기소개를 부탁드립니다 |

미래의 세계에서 시간 여행을 통해 현재로 와서 내가 하려는 일을 조정해 주고 이끌어 주는 〈테넷〉이라는 영화를 봤습니다. 성경에도 이런 표현이 있잖아요, '붙잡힌 자' 과거를 돌이켜 봐도 그렇고, 근간을 봐도 그렇고 저마다 뜻대로 맘대로 살고 싶어 하는 색깔이 있고 방향이 있어요. 그런데 누군가가 나를 이렇게 치고, 저렇게 쳐서, 이 길을 걸어갈 수밖에 없도록 만드는 것이 아닐까 생각해요. 조금 엉뚱하죠? 저는 한국침례신학대학교 신학과에서 구약성서학을 가르치고 있는

기민석 교수입니다.

| 멋진 아버님 이야기를 글로 보았습니다 |

멋지게 보실 수는 있는데, 저와는 애증의 관계라고 할까요? 제 삶에 가장 큰 영향을 미쳤던 분이지만, 가장 멀게 느꼈던 분이기도 합니다. 아버지 이야기를 편하게 할 수 있는 이유는 아버지께서 12년 전에 돌아가셨거든요. 제 아버지가 어떤 분인지 말씀을 드리겠습니다. 초등학교 시절 아침에 눈을 뜨면 벽에 아버지께서 붙여놓은 사진을 가리키시면서 "이것을 봐라." 말씀하셨어요. 당시 우리나라 대통령과 영부인의 얼굴 사진이었어요.

아버지는 큰아들이었던 제가 대통령이 되길 바라셨어요. "너는 육군사관학교를 가야 한다." 군인이 되는 것이 정치인이나 대통령이 되는 과정이라고 생각하셨어요. 제가 중학교 2학년부터 안경을 쓰기 시작했는데, 안경을 쓰는 사람은 육군사관학교 입학이 불가했죠. 눈이 나빠졌지만, 아버지께서 거의 1년 동안 안경을 안 맞춰주셨던 기억이 납니다. 안경을 쓰면서부터 아버지께서는 방향을 바꾸셔서 법대를 가라고 하셨어요. 그런데 고등학교에 가서 적성 검사를 했더니 저는 이과가 맞대요. 그 핑계로 이과를 가게 되자 의대를 가라고 하셨죠. 하지만 고3 때 소위 성령의 불을 받고 신학교를 가게 되면서 아버지의 뜻과는 전혀 반대의 길로만 걸었어요.

적성 검사라는 것이 제 생각에는 엉터리 같아요. 수학 문제를 풀면 수학을 잘 이해했던 건 아닌데 이상하게 잘 풀었어요. 저는 음악을 좋아하고 예술을 좋아하며 문과 기질이 있었던 학생이었어요. 하지만 이과 공부를 계속했던 이유는 당시에 남자가 먹고살려면 이과에 가야 한다고들 하니 그런 맥락에서 이과에 남아 있었고 그것을 거스르며 문과로 갈 용기가 없었어요. '대학에서 어떤 전공을 하든지 내가 하고 싶은 일을 하며 살자.' 속으로만 이런 생각을 하며 살았죠. 정작 제가 하고 싶었던 일은 행위예술가가 되는 것이었죠.

고3 때 예수님 만나기 전에 먼저 만났던 분이 비디오 아트의 선구자인 백남준 씨였어요. 인공위성을 통해서 전 세계에 중계되었던 그분의 〈굳모닝 1984 아트쇼〉를 밤늦게까지 보면서 굉장히 큰 영감을 받았던 기억이 납니다. 여전히 제일 존경하는 예술가입니다. 지금도 이 길을 안 걸었으면 예술가가 되었을 텐데 생각을 합니다. 제가 엉뚱하게도 예술에 관심 가지게 된 건 아버지 영향이에요. 아버지가 어릴 때부터 바이올린이나 피아노 같은 악기를 가르쳐 주셨고, 글을 좋아하셔서 어떤 글이든 많이 읽도록 권장하셨거든요. 그런데 그쪽에 지나치게 빠지려고 하면 아버지께서 나서서 단절시키셨어요.

독특하게도 아버지께서는 가족들을 두고 혼자 교회에 가끔 나가셨어요. 아버지는 어릴 때부터 깊은 신앙생활을 하셨다고 해요. 고등학교 때 시골 교회에서 목사님이 안 계시면 본인이 설교까지 하셨다고 들었어요. 언젠가 아버지가 지나가는 말로 과거를 말씀하신 적이 있어요. 예수 잘 믿는 효자로 살고 싶었는데 어머니께서 일찍 돌아가시며 그때의 충격으로 교회를 멀리하게 되었노라고.

본인은 교회에 가끔 가시면서 어머니나 저희에게 함께 가자고는 안 하셨고요. 초등학교 4학년 어느 날, 창밖을 손가락으로 가리키면서 "저기 보이는 십자가, 너는 이번 주부터 저 교회에 가거라" 지시하셨어요. 거기를 동생과 함께 다니기 시작했어요. 그러다 고3 시절 교회 수련회를 통해 불같은 성령을 체험하게 되었죠. 어릴 때 아버지는 저에게 늘 멀리 있는 분 같았거든요. 그래서 신앙생활은 했지만, 하나님은 우주 저 먼 곳에서 지켜만 보시는 막연한 분으로 느끼는 경우가 많았어요. 그렇지만 불을 받고 보니 하나님이 멀리 계시는 것이 아니라 바로 여기에 계신 것처럼 느껴졌어요. 제 인생을 바꾸는 큰 계기가 되었죠. 그것을 통해서 내가 이 길을 가야 하는 것이 아닌가 고민이 되기 시작했는데, 어느 날 성경을 읽다가 로마서 13장 8절 말씀을 만났어요. "피차 사랑의 빚 외에는 아무에게든지 아무 빚도 지지 말라 이웃을 사랑하는 것이 율법의 완성이다." 이 세상에 이것보다 더 아름다운 가치가 있을까? 내 평생을 여기에 헌신해도 모자람이 없겠다, 나를 구원해 주신 예수님이 이런 말씀을 하시는 분이라면, 내 일생을 그분을 위해 살아야겠다고 생각하면서 소명을 받았습니다.

| 지역 교회 목회자와 교수, 고민되던 시점이 있으셨는지요? |

분기점이 되는 시점이 있었어요. 제가 워낙 어린 나이에 신학교에 오다 보니까, 기대가 컸었나 봅니다. 목회자의 세계나 신학교에 대한 커다란 기대만큼 실망도 컸어요. 그래서 사실 학교를 그만둘까 생각하고 있었죠. 당시에 한국침례신학대학교 총장을 역임하신 김선배 교수님 수업에서 종종 연구과제를 발표하곤 했어요. 교수님은 어쩌면 지나는 말로 하셨을 것 같은데, "민석이는 공부를 한 번 해보지." 제가 이 말에 확 꽂혔어요. '신학교를 계속 다니며 목회자로 준비할까?'라는 갈등이 있던 그 시점에 아! 공부를 통해서도 하나님을 섬길 수 있겠구나 싶은 생각이 들더라고요. 그때부터 신학을 전공하는 사람이 되어야겠다고 결심을 했죠.

또 한 번의 분기점은, 제가 굉장히 이른 나이에 박사 학위를 마치고 한국에 돌아와서 강의하기 시작했는데 그때 나이가 36살, 37살이었어요. 39살 되는 2007년도에 침신대 구약학과 교수로 오게 되었죠. 3년쯤 지나 불가피하게 학교를 떠나게 되는 사정이 생겼어요. 그 후, 5년쯤 지난 2015년도 초반에 안희묵 목사님께서 권면을 하셨어요. "이제는 학교에 미련을 두지 말아야 하지 않겠는가? 다시 한번 학교로 돌아갈 수 있도록 노력은 해보되 이번에도 아니면 그것은 분명히 기목사가 목회하기 원하시는 하나님 뜻으로 알고, 우리 교회에서 부목사로 목회를 하자." 그때 기도를 했어요. 이번에도 제가 학교로 돌아갈 길이 열리지 않으면 목회를 하겠습니다. 하나님께서 그 기도를 들으셨고 저를 다시 학교로 보내셨습니다.

| 성경 구약, 어떤 매력이 있을까요? |

어릴 적부터 공상 과학을 굉장히 좋아했어요. 《오디세이》 같은 글들을 좋아했죠. 미래를 상상하는 것이 큰 취미였어요. 성서학을 알고부터는 시간을 거슬러 올라갔어요. 지금으로부터 2천 년 전, 3천 년 전의 세계를 상상하고 재구성하는 것이 훨씬 더 흥미로웠거든요. 그래서 신약보다는 더 먼 구약시대, 고대 사회 너머 거의 원시 사회라고 할 수 있는 시대가 포함된 구약 성경에 더 마음이 갔죠. 구약을 알수록 구약이 주는 무게감이 있어요. 그리고 구약을 알면 신약이 전해 주는 은혜와 감격이 얼마나 큰지를 더 잘 알 수 있습니다.

| 구약을 잘 읽어낼 수 있는 팁을 하나 알려주신다면? |

구약의 세계를 정복하는 것은 쉬운 일이 아닙니다. 워낙 방대하거든요. 그래서 너무 급하게 뭔가를 찾으려고 하면 어려움이 있습니다. 어쩔 수 없이 시간을 투자하는 수밖에 없어요. 무엇보다도 구약 시대의 배경이 되는 고대 이스라엘의 역사를 훑어보고 공부하며 알아가야 구약을 훨씬 더 흥미롭게 읽을 수 있습니다.

두 번째 팁은 교회에서 배운 말씀이나 가르침대로만 구약을 보지 않으면 좋겠어요. 구약은 의외로 '이렇게 살아라, 저렇게 살아라' 메시지를 전달하기보다 인간의 있는 그대로의 모습을 전하는 경우가 많습니다. 너 자신을 알라는 말이 있듯이 마치 구약은 우리에게 '인간아, 인간이 뭔지 알아라' 말하는 글이기도 합니다. 너무 교훈을 끌어내려고 하기보다는 '사람이 이렇게 살았구나. 이런 일도 있었구나' 이런 시각으로 접근하는 것이 오히려 구약의 세계를 쉽게 이해하는 길이 될 수 있습니다.

| 어떤 교수로 사람들에게 기억되기 원하세요? |

제가 바라는 교수상은 남다른 것은 아닙니다. 사실 교수라고 하면 가장 중요한 것은 학문적 업적을 남기는 것입니다. 교수에게 그것이 가장 첫 번째 임무가 되어야 하고, 그것을 가장 성실히 수행한 사람이 훌륭한 교수가 되는 것입니다. 학생들을 잘 가르치는 교수도 자신만의 연구를 게을리하지 않을 때 가능한 이야기고, 학생들로부터 존경받는 교수 역시 무엇보다 교수로서의 삶에 충실해야 가능한 이야기입니다. 요즘은 신문에 글도 쓰고 영상도 찍고 강의하기도 바쁘지만, 가장 투자하고 싶은 것은 무엇보다 학문적 역량을 키우는 것입니다. 학생들과 침례교단이 자랑스러워할 수 있는 뛰어난 학문적 업적을 남기는 것이 제 목표예요.

| 앞으로 만나게 될 학생들에게 한마디 |

여러분은 젊다는 특권을 가지고 있습니다. 젊을 때 할 수 있는 것 중 하나가 도전입니다. 실패를 두려워하지 않는 것이죠. 시간이 가면 갈수록 어려워지는 것이 실패예요. 나이 들어 실패하면 인생을 돌이킬 수가 없어요. 하지만 여러분 때에는 다섯 번, 여섯 번 실패해도 인정받고 용서받을 수 있거든요. 20대에는 앞으로 10년 동안은 인생을 다섯 번 뒤집어엎을 각오를 하면서 많은 도전을 해보시기 바랍니다. 이 길로도 가보시고 저 길로도 가보시고, 가다가 지치고 쓰러져도 다시 회복할 수 있는 것이 젊은 날의 특권이기 때문에 많은 일에 도전하시는 그런 젊은이가 되면 좋겠습니다.

YouTube
〈좋은 인터뷰〉 기민석 편 보기

아산 뿌리교회 담임목사
《느그 아부지 뭐하시노》 저자

| 어린 시절 목사님은 어떤 사람이었습니까? |

어렸을 때는 약간 착한 아이 콤플렉스가 있었던 것 같아요. 교회에서 자랐고 아버지가 관리 집사이시다 보니까 눈치를 좀 많이 봤어요. 아버지께서 해병대 특수 수색대 출신이시고 월남전 참전 용사세요. 어렸을 때는 아버지가 왜 저렇게 사람이 갑자기 변하는지 그 이유를 몰랐어요. 지금 생각해 보니까 그게 전쟁 후유증이었어요. 참 많이 맞고 자랐거든요. 그러다 보니까 그냥 착하게 자라야 하는 게 미덕인 줄 알았고, 그렇게 살았어요.

제가 중학교 3학년 때 사고를 하나 쳤는데 맨 앞에서 주도했던 건 아니고, 함께 했던 친구들 다섯 명이 있었거든요. 그 친구들과 서명 운동 같은 걸 했어요. 당시에 학교에서 종종 불우이웃 돕기 성금도 걷고 폐품도 걷었는데, 폐품을 안 가지고 오면 그거 대신 1,200원을 현금으로 내기도 했거든요. 도대체 어디에 그 돈을 사용하는지 좀 알고 싶다고, 대자보 개념의 포스터 같은 걸 만들어서 각반 교실 벽에다 붙여 놓고 아이들에게 서명을 받고 그랬어요. 일주일 동안 학교에서 맞으면서 진술서며 반성문을 써내고 거의 퇴학 위기까지 몰렸다가 요행히 정학 처분을 받았죠. 그때부터 학교라는 곳을 엄청 싫어하게 됐어요. 공부도 놓아 버리니까 빨리 떠나고 싶었고. 그게 고등학교를 재수해서 들어가는 계기가 됐죠. 진학 실패, 좋게 말하면 재수고 속된 말로 1년 꿇은 거예요. 가출해서 오랫동안 집을 나가 있기도 했어요.

| 어떻게(언제) 예수님을 주인으로 모시게 되었습니까? |

제 신앙생활은 정확한 구분이 있어요. 신학교에 들어가면서 동기 부여된 게 있고, 그전에는 제가 다니던 교회가 되게 신비주의적인 교회였거든요. 빈야드라든지 펜사콜라, 웃음이 임하는 성령 이런 류를 다뤘어요. 맨날 그런 사람들 불러서 집회하는 교회였거든요. 그러니까 제 딴에는 방황하던 시기와 맞물려서 아버지가 관리 집사라 교회에 늘 계시니까 같이 있다 보면 그냥 그런 데 따라가는 거예요. 불만은 있는데 가서 그냥 막 울고불고 기도하다 보면 저도 분위기 따라서 방

언하고 그랬죠. 당시 그분들 말씀으로는 전기가 임한다고 하고, 진동의 은사라고도 하고… 별 희한한 것들이 많았거든요.

신학교에 들어가서 말씀에 깊이 빠지는 기회가 있었어요. 은사에 심취했을 때 예수님을 만난 것이 아니고 신학교 들어가서 만난 거죠. 말씀 보면서 하나님을 만났던 결정적 계기는 박영선 목사님이 쓰신《하나님의 열심》을 읽고 나서였어요. 정말 그전까지는 열심히 매달리고 소리치는 게 내가 하나님을 만나는 유일한 방법이었는데, 그 책을 보니까 그게 아닌 거예요. 내가 하나님께 붙잡힘 받은 것이더라고요. 다시금 새롭게 깨달아진 거죠.

| 관리 집사 아버지 |

어렸을 때 남는 기억이 이것밖에 없어요. 아버지한테 맞은 거, 청소. 어린 시절에 제가 공부에 두각을 좀 나타냈는지 아버지께서 저에게 과한 기대를 걸고 계셨던 것 같아요. 그러다 보니 제 방황이 더 큰 실망을 끼쳐드리게 됐고 분노를 많이 느끼면서 더 많이 때리셨어요. 그리고 제게 교회는 늘 청소하는 곳이었어요. 학교 끝나고 청소, 행사 끝나면 청소, 예배 끝나면 청소, 심지어 결혼식 직후 옷 갈아입고 청소를했어요. 신랑 신부가…. 우리 아버지 교회에서 결혼했으니까요. 청소 안 하고 하루 넘기면 누가 대신 청소 해주는 게 아니거든요. 중, 고등학교 때 문학의 밤 끝나고 친구들 다 집으로 가는데 "잘 가" 인사하고 다시 청소. 대걸레 이런 거 5개씩 짊어지고 본당 올라가는 거예요. 제가 해방을 맞보았던 때가 군대 갈 때였어요. 청소 안 해도 된다, 군대 가니까 청소 안 해도 돼. 그런데 휴가 나오면 다시 청소. 결혼하고 나서 "와, 청소 안 해도 된다" 했는데 명절날 집에 가면 청소. 교회 개척했잖아요. 또 청소예요, 계속 청소. 저도 우리 애들한테 청소 같이하자고 많이 하죠. 그런데 안 해요, 사춘기라. 어렸을 때는 좀 하더니 사춘기 되니까 잘 안 하더라고요. 다 이해합니다, 저도 그랬으니까.

| 삼 형제가 다 목회자가 되셨어요 |

아버지 기대가 있었어요. 형은 목회자가 되는 게 아버지의 기도 제목이었고, 또 하나는 제가 대학 교수가 되거나 경찰 대학 가는 거였죠. 동생은 어렸을 때부터 배 타는 게 꿈이어서 해양대학교에 입학을 했어요. 그런데 제가 신학교에 간다고 했을 때 반대가 없었어요. 동생 같은 경우는 소명을 좀 늦게 받았어요. 형이 하는 것마다 많이 따라하던 녀석인데 특히 저를 되게 좋아해서 뭘 해도 저를 따라 했거든요. 제 친구들하고 노는 것도 좋아해서 제가 신학교 다닐 때 자기네 학교에서 안 놀고 일주일에 한 번씩 우리 학교(침례신학대학)에 들러서 기숙사에 있는 저를 만나서 같이 집에 올라가고 이럴 정도였죠. 그러면서 신학생 친구들을 사귀며 자연스럽게 사역자들과 만남을 가지게 된 거죠. 그러다 개인적인 체험이 있었는지 모르겠는데, 그 녀석도 결국 대학을 졸업하면 배를 타겠다더니 그걸 안 하고 신학교에 들어가더라고요. 아버지가 되게 뿌듯해 하셨죠. 나중의 일이긴 하지만 동생은 이집트에서 폭탄 테러로 죽었어요. 그 일을 겪으시면서 아버지가 이런 말씀을 하시더라고요. "내가 자식들 모두 목회자로 키웠다고 너무 자랑했구나."

| 뿌리교회 개척 |

좀 멋지게 보이려면 '기도 중에 찾았다' 그래야 하는데 사실은 돈 맞춰서 준비하다 보니까 찾은 공간이 거기였어요. 전형적인 도농복합 지역, 농가 논밭밖에 없는 곳에 창고 하나 서 있더라고요. 아무것도 없는데 해가 너무 잘 들어요, 마당이 넓고. 이거다 싶었죠. 그런데 선교 전략, 개척 전략으로는 빵점짜리 공간이에요. 큰길과 너무 떨어져 있고, 어두운 터널을 지나야 교회에 빨리 올 수 있는 그런 곳이었죠. 그렇게 형편 맞춰 가며 하나님께서 여기서 하실 일들을 기대하면서 기도했고, 결국 부흥을 주셨죠. 사실 이런 곳은 아무리 오라고 한들 사람들이 올 곳이 아니에요. 그런데 전도하다 만난 사람, 페이스북 보고 온 사람, 지나가다 온 사람, 소문 듣고 온 사람. 그런 식으로 교회가 부흥된 거예요. 그 땅이 팔려서 불가피하게 밀려 나온 거지만 "공간이 좁다", "우리가 옮길 때가 되지 않았느냐"라는 목소리는 안에서부터 나오고 있었죠.

주변에서 붕어빵 전도는 우리 교회가 원조라고 많이들 알고 계십니다. '붕어빵 전도'라는 걸 처음 들으시는 분들은 거의 그렇게 아시더라고요. 왜냐하면, 연중 내내 하니까요. 붕어빵 전도하는 다른 교회들은 더울 때는 안 하지만, 우리 교회는 그냥 했어요. 주야장천 일주일에 한 번씩 늘 했고, 지난 5년 동안 쉬지 않고 하다 보니까 그분들이 오히려 기다리세요. 붕어빵 안 주냐고요. 그렇게 사람들과 만나면서 친해지다 보니까 뿌리교회가 붕어빵 나눠주는 교회로 인식이 된 거죠. 단순하게 붕어빵으로 전도하는 교회가 아니라 동네에 봉사하는 교회, 이렇게 생각을 해줘요. 그런데 다른 교회가 바라볼 때는 "붕어빵 돌려서 얼마나 전도되냐" 이거죠. 상가들을 상대로 하다 보니 아무리 돌려봐야 주일날 문 닫지도 않는데 뭘 그걸 하느냐며 핀잔을 주기도 했어요. 사실 저도 할 말이 없죠. 상가를 돌렸는데 상가 사장님들은 오지도 않고 그러니까.

그런데 1년 전(2020년)에 오셨어요. 우리 동네에서 단가 제일 높은 소고기를 파는 가게 사장님인데, 그분이 주일날 문 닫고 교회를 나오시니까 이제 할 말이 생겼어요. 열매가 생긴 거죠. 그리고 우리 교회에서 가장 젊은 여자 청년이 하나 있습니다. 사실 젊은 자매들이 길 가다 전도돼서 교회 나올 확률은 낮아요. 그런데 그 자매가 동해에서 아산으로 이사 와서 저한테 딱 걸린 거죠. 오히려 저는 자세히 기억이 안 나는데 아주 오래전에 지나가다 붕어빵과 교회 주보를 받았었대요. 우연찮게 1년인가 지나서 아산으로 이사 온 후 그것이 기억나서 왔다고 하시는 분도 있어요. 특히 여름이면 상가 사장님들이 여름에도 주냐면서 되게 그리워하고 좋아하시는데, 붕어빵 받으시면서 음료수와 수박으로 돌려주시기도 해요. 그렇게 관계가 이어져요. 충청도 사람들 특징이 처음에는 사귀기 좀 힘든데 그렇게 깊숙해지면 남다른 관계가 형성돼서 자꾸 뭘 내놔요. 그러면서 친구가 돼가는 거죠.

| 힘에 부친다, 버겁다 |

돈이죠, 돈. 우리 성도님들에게 얘기하는 것 중 하나가 이거예요. "우리 중산층 교회 되자." 우리끼리 그냥 해도 되게 재밌는데, 교회 이름으로 교회가 뭔가 좀 다른 존재라는 걸 보여주고 싶었거든요. 저희 교회로 국내 단기 선교를 오는 단체가 있는데, 코로나 때문에 못 오니까, 자신들의 활동비랑 이것저것 해서 500만 원을 송금하셨더라고요. 그걸 가지고 성도님들과 얘기 나누면서 어차피 우리에게 없던 돈이었으니까 사회에 돌려주자 해서 어려운 목사님들하고 개척 교회 서너 곳 돕고 읍사무소에 100만 원 기부하고 그랬어요. '이 교회가 동네에 오니 동네가 복을 받는구나' 이런 얘기를 듣고 싶었어요. 실제로 국내 단기 선교 지원이 오면 무조건 주민 잔치를 해서 어르신들 식사를 대접하고, 영양제 같은 선물을 드리며 그런 것을 했거든요. 어르신들 입에서 그런 얘기가 나왔어요. 교회가 동네에 오니까 복이 굴러들어온다고. 이런 소리를 계속 듣고 싶은데 돈이 없잖아요. 돈이 없으니까 먹고 살기도 바쁘고 사람이 좀생이 되어 가고 비굴해지는데, 뭐 여타 다른 어려움도 좀 있지만 그게 제일 힘들었던 것 같아요.

| 이 시대의 개척 동료들에게 한 말씀 |

현실에 맞춰 살다 보니까 돈 때문에 힘들어하며 목회 외에 일하시는 분들도 계세요. 또 개척 상황을 빨리 벗어나고 싶어서 편법을 쓰면서 부흥을 생각하는, 그런 마음이 들 때가 있거든요. 삶이 너무 힘드니까요. 다 이해합니다. 그렇지만 적어도 우리 같은 젊은 목회자, 젊은 개척자들한테는 "우리는 아직 좀 이상적이어도 된다"라는 것을 꼭 말씀드리고 싶어요.

YouTube
〈좋은 인터뷰〉 김진혁 편 보기

| 〈컬러테라피스트〉, 낯선 직업입니다 |

컬러테라피스트는 컬러테라피를 하는 사람이거든요. 테라피스트를 설명하기 전에 먼저 컬러테라피에 대해 알려 드릴게요. '컬러테라피'는 내 마음 상태, 주변 사람들을 만날 때 짜증이 나거나 무기력하거나 삶의 방향성을 잃었거나 이런 심리상태를 컬러를 통해서 파악하는 거예요. 컬러테라피스트는 컬러를 통해 나도 몰랐던 내 마음을 알도록 마음의 소리를 듣게 도와드리는 사람이죠. 지금보다는 조금 더 가

볍고 조금 더 행복하게 살아갈 수 있게, 내 삶을 부정하는 게 아니라 인정하며 내 안의 긍정성, 아름다움을 컬러를 통해 이끌어 내며 대화를 나누는 사람입니다.

| 컬러테라피를 시작하신 계기 |

친구들과 송년 모임을 하고 집에 가는 택시 안에서, '이게 무슨 의미가 있나!' 갑자기 그런 생각이 드는 거예요. 저는 사춘기도 안 겪었던 사람이거든요. 그런데 그때 왔던 것 같아요. 그러다가 우연히 컬러테라피를 접하게 됐고, 제가 선택한 컬러들이 가진 메시지를 책을 통해서 읽는데 되게 많은 위안이 되더라고요. '이게 뭐지?' 내 앞에 누군가 사람이 있는 것도 아니고 직접 진단 해서 설명을 듣는 게 아니라 텍스트만 읽을 뿐인데 어떻게 내 마음이 이렇게 움직이고 위로를 받지? 그런 경험을 통해서 컬러테라피를 알게 되었어요.

| 컬러의 특징을 소개해 주신다면? |

블루가 눈에 끌려서 선택하신 분들에게는 책임감이란 이슈가 있어요. '내가 우리 가족을 책임져야 하는데' 하며 심적으로 혹은 실제로 책임지고 있는 분들이 계시죠. 조직에서는 중간관리자든지 리더의 역할을 하시는 분들이 막중한 책임감을 느끼는데, 다른 사람들은 쉽게 살아가는 것 같은데 나 혼자 무거움을 지고 있는 것 같다든가 조직이나 가족, 세상을 위해 할 수 있는 게 없구나 이런 느낌 때문에 무기

력한 분들도 블루를 많이 선택해요. 이렇게 컬러마다 각각의 상황과 심리, 스토리가 나오는 거죠.

| 과거 대기업 근무 이력을 보았습니다 |

대학교 3학년 때인지 4학년 때인지 정확하게 기억은 안 나는데 여름 방학 중 7주짜리 비서 특강이 있었어요. 학교에서 취업률을 높이기 위해 비서에게 적합한 스킬을 알려주실 분들을 초청해서 강의를 듣는 시간이었는데, 그때 에버랜드 강사님이 오셨어요. 매너에 대한 강의를 하셨던 것 같은데 그 모습이 너무 좋아 보였어요. 그때 나도 저런 강사가 돼야겠다는 꿈이 생겼죠. 그러던 어느 날 친구가 LG전자에서 사내 강사를 구하는데 마감일이 내일까지라고 알려주길래 부랴부랴 이력서를 작성해서 지원했어요. 그리고 강사가 됐죠. 사내 강사가 하는 일은 전국 대리점을 다니면서 고객을 응대할 때 사용하는 세일즈 스킬, 화법을 강의하는 직업이었어요. 너무 재미있었죠. 정말 감사하게도 본사 강사로 발탁됐어요. 지방에서 근무하다가 서울로 오게 됐는데 그 일 년이 너무 힘들었어요. 하루 8시간 강의를 혼자 며칠 동안 다 하기도 하고 총괄 강사로서 해야 할 게 너무 많았거든요. 체력도 좋지 않아서 더 버거웠어요. 열심히 하고 싶은데 건강이 안 좋아지다 보니까 그만두게 되었죠.

| 컬러테라피스트 활동하시며 기억에 남는 분이 있을까요? |

경주에서 컬러 강의를 하고 서울에 복귀하니까 밤 10시라 옷도 못 갈아입고 너무 힘들어서 잠깐 앉아 쉬고 있었는데 그날 교육받은 교육생에게 문자가 오더라고요. 결혼한 지 6개월 정도 된 여성이었는데 사랑해서 결혼했지만 지금의 남편을 이해할 수 없었다는 거예요. 그런데 '강의를 듣고 컬러로 내 남편을 이해할 수 있었다. 그래서 연수 끝나고 집에 가면 아무 말 없이 남편을 안아주고 싶다'라고 문자를 보내왔는데 정말 뭉클하더라고요. '내가 참 의미 있는 일을 하는구나' 보람됐었죠.

| 책을 출간하셨어요 |

컬러로 기업에 강의를 나간 지 13년이 된 것 같아요. 강의할 때마다, 두세 시간이 참 짧은 시간인데 위로받고 어떤 이유에서건 눈물 흘리는 분들이 간혹 계세요. 그런 걸 보면서 컬러가 가진 힘이 분명히 있다는 확신이 생긴 거죠. 임상이 더해지면서 문득 이런 생각이 들더라고요. 제가 모든 사람을 만날 순 없으니까 강의를 하는 것처럼 컬러를 간접 경험할 수 있는 통로가 있으면 좋겠다고요. 강의를 글로 쓰면 되지 않을까라는 생각은 5~6년 전부터 계속했어요. 그런데 출장이 많다 보니 다녀오면 지치더라고요. 물론 부지런한 분들은 새벽이나 잠들기 전에 따로 시간을 마련할 수도 있겠지만, 저는 그정도는 아니었던 것 같아요. 그러던 차에 코로나로 강의가 다 없어지니까 시간이 남더라고요. 그래서 책을 썼죠.

| 칼라테라피스트에게 신앙 |

저는 진짜 초신자입니다. '믿음이 더 강해질수록 주일날 아침부터 저녁까지 교회에서 살아야 하고 내 삶의 전반적인 일정이 교회 따라 움직이고 그러다가 선교를 해야 하고.' 초신자라서 그런 오해들이 있었던 것 같아요. 그 정도 깜냥이 안 되는데 더 깊어지면 어떻게 해야 하지? 혼란이 있던 때가 있었어요. 그런데 마침 설교 중에 "믿음이 깊어지면 전부 다 목사가 돼야 하고 선교를 해야 한다고 착각하시는 분들이 계신다. 하지만 그냥 있는 자리에서 하나님을 드러나게 하면 된다"라는 말씀을 듣는데 가슴이 시원해졌어요. 그리고 가벼워졌죠.

'그래, 난 무거움을 가질 필요가 없어. 내 자리에서 내가 만나는 교육생들에게 내가 믿는 하나님을 드러낼 수 있다면 그게 내가 할 일인 거야'라는 생각이 들었어요. 종종 컬러 수업을 하다 보면 개인적인 상담을 요청하는 분들이 있는데 상담자로서 해줄 수 있는 게 한계가 있을 때 종교를 가져보라 권하기도 해요. 스스로 아무리 뭘 해도 나아질 수 있는 상황이 아닐 때 그리고 인간으로서 할 수 없는 일이 있을 때 큰 도움을 받게 될 것이라고 이야기해 드립니다.

저희 아버지께서 교통사고를 당하셔서 의학적으로는 가망이 없던 상황이 있었어요. 딸로서 아버지를 그냥 보내드릴 수가 없더라고요. 제 믿음 생활 중에서 가장 절실하게 하나님을 찾았던 때가 그때였던 것 같아요. 제가 아무 도움도 주지 못하는 경우, 예를 들어 가정 내에서 자기 힘으로 이겨낼 수 없는 어떤 일을 겪고 있는 분이 있는데 그분의 모든 것을 제가 나서서 해결해 드릴 수 없잖아요. 그런 분께 신앙을 가져보시는 게 어떠냐 넌지시 추천드려 보는 거죠.

| 예수님을 컬러로 표현한다면? |

예수님의 컬러를 표현하기가 참 조심스러운데, 제 일생 전반에서 경험했던 예수님의 컬러는 핑크라고 생각해요. 예수님은 저에게 '희생'이라는 의미로 다가오는데, 예전에는 '희생'이라는 단어를 피해 의식의 개념으로 이해하고 있었어요. 그런데 말씀을 들으면서 예수님의 희생은 기쁨의 희생이라는 것을 알게 된 거죠. 그런데 희생하면서도 기쁠 수 있었던 건 사랑하는 마음 때문이잖아요. 핑크는 사랑을 담고 있는 컬러거든요. 누군가를 위해서 자기를 저버리는 것은 희생이지만, 사랑이 기초가 된 숭고한 희생이죠. 그래서 예수님의 컬러는 핑크가 적절한 것 같아요.

| 드리고 싶은 이야기 |

여러분의 일상 속에서 수시로 마음속에 올라오는 컬러, 내 눈에 들어오는 컬러가 있으실 것 같아요. 그 컬러의 메시지는 몰라도 끌리는 컬러가 있다고 하면, 그냥 오롯이 그 컬러가 주는 에너지를 마음으로 충전하시면 좋을 것 같아요. 사랑이 필요한 분들은 핑크가 끌리기도 하고 위로가 필요한 분들은 바이올렛이 끌리기도 해요. 끌리는 이유가 분명히 있거든요. 그렇게 이끌리는 컬러들을 보면서 마음을 들여다보면 좋을 것 같아요. 요즘 나에게 무엇이 필요해서 내가 이 컬러를 바라보고 있는지, 스스로에게 위로와 사랑을 주듯이 그 마음 그대로 주변 사람에게도 사랑과 위로를 주는 여러분이 되셨으면 좋겠습니다.

YouTube
〈좋은 인터뷰〉 김영정 편 보기

| 전도사 직분으로 살다가 집사의 삶으로 |

울산 범서 천상 지역에 있는 길지역아동센터 센터장으로 있고요. 울산천상제일교회 집사로 섬기고 있습니다. 부교역자 생활을 두 교회에서 25년 정도 했는데 사회 복지를 전공해 주말에는 사역자로, 평일에는 복지사로 일을 했어요. 목회자의 겸직에 거리낌 같은 건 전혀 없었어요. 두 가지 일을 병행할 때 사실 즐거웠거든요. 그런데 20년이 넘어가니 저도 나이가 들고 조금 힘이 들더라고요. 어느 날은 출근하

려고 길을 걷는데 갑자기 발걸음이 딱 멈춰지는 거예요. '어 왜 이러지?' 한 발짝 디뎌야 하는데 그것이 잘 안 되었어요. 어디가 잘못되었나 싶어 바로 출근을 못 하고 한의원에 가서 침을 맞았어요. 그런데 얼마 뒤, 또 그런 증상이 일어난 거예요. 가정의학과에 가서 여쭤보니까, 의사 선생님이 갑자기 간호사를 내보내시더니 번아웃 되어서 우울증이 왔다고 하셨어요.

심한 우울증은 아니었어요. 당시 아이가 한참 사춘기였고 여러 문제가 겹치는 와중에 교회 일과 사회 복지 일이 너무 많아서 체력과 정신적으로 한계가 왔죠. 그래서 의사 선생님 말씀을 들으며 나는 괜찮은 것 같았지만 육신이 힘들다는 표현을 그렇게 한 것이구나 싶었어요. 두 개 중에 한 개를 택해야 하는 상황에서 교회 사역을 내려놨어요. 지금은 사회 복지사로서 지역아동센터에서 근무해요. 여기 오는 아이들이 힘들고, 어렵고, 상처받은 그런 아이들이 많거든요. 그 아이들의 영혼을 돌보는 일 또한 하나님께 영광 돌릴 수 있는 길이 아니겠나 생각했어요. 그래서 2016년부터 지금까지는 그냥 사회 복지사로서만 일하고 있습니다.

| 말을 많이 더듬었던 시절이 있었다고 들었습니다 |

한번 생각해 보세요. 말을 더듬는 사람이 교회에서 설교하고 찬양인도하면서 멘트도 해야 하는데 어떻게 그 사역을 다 감당했을지. 저도 너무 신기해요. 그런데 제가 스무 살 때까지는 정말 말더듬이 심했어요. 어릴 때는 더 심했고요. 그래서 별명도 버버리 같은 것이었죠. 놀림받고 자주 울고 그러니까 수도꼭지라는 별명도 있었어요. 동창들을 지금 만나면 놀라요. "야, 너 목소리도 좋아지고 말 잘하네."

군입대를 위해 신체검사를 받으러 마을 애들이 같이 갔어요. 검사받으며 질문을 받았는데 저는 평소대로 말하고 있었죠. 절반 정도 진행되었을 때 검사하시던 분이 한참 보더니 "너는 그냥 검사 과정 끝까지 안 가도 될 것 같네" 갑자기 그런 말을 하시더라고요. 그때도 제가 말을 더듬었나 봐요. 바로 판정관에게 보내서 가니까 다운증후군을 가진 친구와 지적 장애가 있는 친구까지 두 명이 거기 앉아있었는데, 제 기억으로 그 친구들은 민방위도 안가는 6급 판정을 받더라고요. 그런데 저는 5급 '제2국민역' 판정을 받았어요. 제2국민역은 바로 민방위로 빠지거든요. 그래서 신체검사를 일찍 끝내고 친구들보다 빨리 돌아왔죠. 그런데 막상 면제 판정을 받고 나니 너무 서글픈 거예요. 남자답지는 못해도 군대는 가야 한다 생각하고 있었는데 막상 면제를 받고 나니까 마음이 힘들더라고요.

| 집사의 삶을 결정한 후 주변의 반응은 어떠셨어요 |

아내의 반대는 없었어요. 저와 아내는 청년 때부터 같은 교회에 있었고 한집에서 살았어요. 같은 방이 아니라 제가 자취를 했는데 앞방에 살던 아가씨 2명과 맞은편 방 총각 2명 모두 절친이었어요. 그 조합에서 2쌍의 부부가 나왔지요. 사역자 직분을 내려놓은 후 딸들은 좋아했던 것 같아요. 왜냐하면, 이제 전도사 딸이 아니잖아요. 모범을 보이기 위한 억지스러운 암송도 예배의 자리도 부담이었겠죠. 제가 그만둔다고 할 때 성도들은 너무 아쉬워했어요. 몇 년이 지난 지금도 호칭을 전도사님이라는 분들이 계셔요.

| 삶을 통해 이루고 싶은 꿈이 있으세요? |

제가 지금도 놓지 않는 꿈이 어린이 사역이에요. 사회 복지 업무에서 은퇴하고 여건이 허락되면 복음을 모르는 나라 아이들에게 어린이 사역을 다시 하고 싶습니다. 심리상담가인 아내는 현지 선교사님을 위해 상담사역을 하는 것이 꿈입니다. 그리고 지금 센터에 오는 아이들 가운데 힘든 아이들이 좀 많거든요. 어떤 집에 가보면 가구나 창문에 유리가 없어요. 깨져서. 그러다 보니 아이들이 가정 형편상 제대로 양육을 못 받아요. 학교에 가서도 상처가 있으니 못 어울려요. 당연히 학습도 잘 못 따라가니까 수업 중에도 늘 긴장하며 지내는 거지요. 아이들이 센터에서라도 마음껏 웃고 숨 쉬게 하는 허브의 역할을 싶어요. 모든 아이를 웃게 하는 그런 꿈이 있습니다.

YouTube
〈좋은 인터뷰〉 김경석 편 보기

부산 호산나교회 집사
수화 찬양사 / 농인 선교사

| 수화? 수어? |

수화, 수어. 뭐 편하게 쓰시면 될 거 같고요. 수화는 오랫동안 써 왔던 표현이고, 말 그대로 손으로 하는 대화라는 뜻이잖아요. '수어'는 몇 년 전에 '수화 언어법'이라는 게 통과되면서부터 그 표현을 썼어요. 수화라고 하니까 손으로만 표현하는 것이라 인식을 많이 하거든요. 그런데 손으로만 표현하면 절반도 소통이 안 돼요. 요즘 뉴스 브리핑할 때 수화 통역사가 옆에 있는데, 그분들이 마스크를 안 쓰고 있잖아

요. 그 이유가 손으로 표현하는 것도 있지만 표정과 몸짓이 합쳐져야 정확한 뜻이 전달되는 거라서 단순히 손으로만 하는 대화는 정확한 소통일 수 없는 거죠.

어느 날, 주보를 보니까 '수화 교실'이라는 광고가 있었어요. 교실이니깐 뭔가 배움이 있나보다 싶었죠. 그전에는 농인에 대해서도, 수화에 대해서도 전혀 몰랐거든요. 그렇게 수화 교실에 직접 찾아갔는데, 그게 농아부 예배 안에 있는 수화 교실였던 거예요. 그러면서 처음 접하게 된 거죠. 전혀 생각이나 계획 없이 좀 뜬금없이 제 삶에 들어오게 됐어요.

| 수화 통역사가 아닙니다?! |

저는 일단 수화 통역사 자격증이 없습니다. 자격증도 없을뿐더러 제가 수화 찬양이라는 걸 특화해서 사역하다 보니 찬양과 통역이 구분되는 게 맞겠다는 생각이 들더라고요. 주변에서 수화 통역사 자격증을 취득하는 게 어떻겠냐고 얘기하시는 분들이 계시는데 지금은 이렇게 말합니다. "통역사 자격은 제가 갈 길에는 굳이 없어도 될 거 같습니다." 그래서 저는 수화 통역이라는 부분과 노래를 수화로 표현하는 수화 찬양, 이 둘을 구분해서 알리고자 노력하고 있어요. 가끔 제가 SNS에 영상을 올리면 저에 대해 잘 모르는 분이 "통역사님"이라고 부르시거든요. 항상 댓글에도 남기지만 저는 통역사가 아니라고 얘기해요. 우리와 같이 소통하면서 통역해 주면 통역사이지 자격증이 필요 있냐는 얘기도 하시는데 어쨌든 그것은 자격증 가지고 계신 분들에 대한 예의도 아닌 거 같고 저와 다른 분야라고 생각해요. 그래서 집회 현장에 가면 관계자분들께 항상 이런 얘기를 하거든요. "찬양은 제가 맡아서 합니다. 근데 집회 중간, 중간에 멘트도 있을 거고 설교, 기도, 이런 것들이 있을 텐데 저는 그런 것을 통역할 자격도 없고 능력도 안 됩니다. 그렇기 때문에 다른 통역사분을 모셔서 함께 하겠습니다." 영역이 다르니까 이렇게 말씀드리고 준비하는 거예요.

| 수화 찬양 유튜브 업로드 벌써 5년 |

수화를 배운 곳도, 수화 찬양을 했던 곳도 저희 교회였어요. 수화를 배우고 한 1년 정도 지났을 때, 마침 장애인 주일에 농아부에서 특송을 하게 되었어요. 그걸 저보고 맡아서 하라는 거예요. 이제 1년밖에 안 된 사람이 누굴 가르칠 수 있었겠어요. 그래서 촬영해 두었던 영상을 보면서 연습하자고 제안했죠. 특송 영상을 올릴 때도 '난 수화 찬양 사역을 할 거야. 농인들에게 새로운 찬양을 보여주고 들려주고 알려주고 싶어!' 이런 마음이 없었어요. 그냥 영상을 올리면서 가장 쉽게 접근할 수 있었던 것이 유튜브였고, 그래서 시작하게 됐거든요. 교회에서 부르던 곡들, 좋아하는 곡들 한 곡 두 곡 찍어서 올리기도 하고 제가 은혜받은 곡, 나누고 싶었던 곡을 찍어서 올렸는데 일이 커지게 된 거죠. 하나님께서 왜 이렇게 끌고 다니시는지는 모르겠는데, 이

끄시는 대로 가다 보니 여기까지 왔어요.

| 사역하실 때 검은 옷을 고집하시는 이유가 있나요? |

수화 통역사 교재에 보면 나와 있습니다. 복장이 검은색인데 그 이유는 손이 잘 보이라고 그런 거예요. 옷이 밝은 색이면 손이 잘 안 보이죠. 그리고 꼭 말씀드리고 싶은 것이 있는데, 교회에서 진행하는 수화 찬양 특송 영상들 있잖아요. 검은색이나 흰색 옷을 입는 경우가 있는데 색깔은 딱히 상관없다고 하더라고요. 그런데 농인들이 항상 얘기하는 게 뭐냐면 장갑이에요. 본 적 있으신지 모르겠네요. 수화 찬양할 때 흰 장갑 끼고 하는 모습요. 장갑을 끼면 예쁘게 보이거나 깔끔해 보여서 그렇게 하시는 것 같은데 농인들은 그 부분을 불편해해요. 수화란 게 되게 섬세한 언어거든요. 작은 모양 하나에 다른 뜻이 나올 수도 있는데 장갑을 끼면 아무래도 두툼하니까 표현이 잘 안 보이죠. 코로나 때문에 어느 콜센터로 전화하면 상담원이 마스크를 착용하고 응대를 하니까 발음이 분명하지 않게 들릴 수 있는 것처럼 장갑 끼고 있으면 그런 느낌인 거예요. 좀 답답한 느낌. 그래서 수화 찬양 교실을 하면 항상 그런 말씀드려요. "여러분, 어딘가에서 수화 찬양하실 때 장갑 끼자는 분 있으면 안 된다고 해주세요." 복장을 검은색으로 하는 것만큼 장갑을 착용하지 않는 것도 참 중요한 일 같아요.

| 최근 갑상선암으로 고생을 많이 하셨어요 |

암 판정받기 2~3년 전부터 하나님께서 계속 자유에 대한 단어들을 주셨어요. 그래서 내가 좀 더 자유롭게 예배드리거나, 자유로운 삶에 대한 마음을 주시나 보다 했는데 얼마 있다가 회복이란 단어를 마음에 또 계속 주시는 거예요. 그 얼마 후에 건강 검진을 통해서 뭔가 있는 것 같다는 말을 듣게 되었죠. 그때만 해도 집 앞 내과에서 이 정도는 괜찮고 혈액 검사도 깨끗하니 다음 검사할 때 관찰하자고 대수롭지 않게 말했어요. 그런데 어차피 알게 된 거 뗐으면 좋겠다고 하니, 그러면 대학병원엘 가라고 제안하더라고요. 그래서 내분비 내과에 갔는데 혈액도 깨끗하고 초음파상 모양도 나쁘지 않은 거 같은데 왜 왔냐고 하면서도 온 김에 조직 검사를 하자기에 검사를 받고 한 주 뒤에 갔는데 암이래요. 그래서 자유와 회복에 대한 마음을 계속 주셨던가 싶더라고요. 내가 무너지지 않게 하시려고요.

시간이 지나면서 치유라는 단어가 아니라 자유와 회복을 주신 게 은근히 화가 났어요. 그런데 수술한다고 병원에 입원하고 한 달 정도 지나면서 참 많은 일이 있었어요. 제가 수화 찬양 영상을 올리면 다 좋아하진 않거든요. 안 좋게 보는 농인들도 있을 수 있고, "재 수화 좀 이상한데" 그러는 사람들도 있을 수 있고요. 그런데 "암에 걸렸습니다"라고 제가 SNS에 딱 올리고 나니까 그런 분들이 싹 없어졌어요. 암 환자한테 막 할 순 없잖아요. 제가 너무 사람들을 신경 썼던 거 같더라고요. 그러면서 자유라는 게 어떤 의미인지 알게 됐고 온전한 회복에 관한 하나님의 메시지라는 것을 알게 되었어요. '너, 암 그거 걸렸어도 내가 깨끗하게 해 주겠어' 이런 단순한 이야기는 아니었던 거 같아요. 앞으로 어떻게 되든지 간에 저와 하나님의 관계에 대한 확신을 주셨으니깐 이제 좀 담대하려고요.

YouTube
〈좋은 인터뷰〉 이채원 편 보기

수어 통역사
<수채화채주연> 유튜브 채널 운영

| '수어 통역사' 공적인 자격이 있는 건가요? |

'수어 통역사'라는 국가공인자격증이 따로 있고, 실기 시험, 필기 시험으로 되어있어요. 먼저 필기 시험부터 보는데 장애인 복지, 수어 통역의 기초, 한국어 이해, 청각 장애인 이해 이렇게 네 과목으로 되어있고요. 필기 시험 합격하면 실기 시험을 통해서 통역사가 돼요. 최근 코로나 상황에서 뉴스브리핑 할 때 수어 통역사가 많이 나와서 젊은 층이 관심을 많이 가지고 배우려는 분이 늘어나는 것으로 알고 있어요. 공식 명칭을 '수어'라고 부르고요. 영어, 중국어, 일본어라고 부르

는 것처럼 하나의 언어이기 때문에 한국 수화 언어, 수어라고 부릅니다. 농인, 청인이라는 단어를 쓸 건데 농인은 청각 장애인이지만 자기의 첫 번째 모국어가 수어인 거예요. 수어가 하나의 언어잖아요. '수어'라는 언어를 사용하는 사람을 농인이라고 부릅니다.

| '통역, 모델, 광고, 인터뷰' 적극적인 활동 |

수어 통역사로 활동하면서도 그 외의 활동을 열심히 하는 이유는 너무 좋아서, 너무 행복해서입니다. 항상 기도했던 게 필요한 곳에 필요를 채워주는 사람이 되고 싶었어요. 하나님이 쓰시고자 하는 곳에 저를 써달라는 기도를 청소년 시기에 많이 한 것 같아요. 지금 그렇게 쓰시는 것 같아서 하나님이 주신 기회와 순간을 놓치지 않으려고 애쓰고 있습니다. 저는 수어가 너무 좋아요. 수어 통역사라는 일이 너무 행복하고 농인과 함께하는 사회를 만드는 것에 참여한다는 그 자체가 저에게 주는 행복감이 크고, 제 삶의 목적과 이유와 굉장히 근접하기 때문에 더 최선을 다하게 되는 것 같아요.

| 수어와 연이 생기게 된 계기 |

학교에서 농인 친구를 만나게 된 거죠. 그 친구가 장애인 동아리에서 활동하고 있었어요. 그렇게 시작되면서 사회 복지 쪽에 들어가 다른 농인분이나 지체 장애인, 발달 장애인 친구들에게도 관심이 생겼고 그러면서 신학, 사회 복지를 복수 전공하게 됐어요. 3학년 때는 농인 복지관인 청음복지관에서 잠시 일도 했어요. 그렇게 시작된 연이 수어 통역사까지 오게 만든 것 같아요.

| 가장 기억에 남는 통역 활동이 있다면? |

제가 펑펑 같이 울면서 통역했던 기억이 있어요. 어느 연합 집회에 참석한 농인이 계셨어요. 그분 통역을 해드리려고 갔는데 곁에서 통역하며 함께 예배를 드렸어요. 모두가 뜨겁게 울며 예배드리는 걸 보면서 '이 한순간을 위해 통역사가 됐어도 후회가 없다'는 생각이 들 정도로 저도 같이 은혜를 받으며 예배했던 기억이 나요.

또 하나는, 최근에 롯데 기업 광고 촬영장에 농인 모델들이 모여서 촬영을 했어요. '오늘을 새롭게, 내일을 이롭게 수어'라고 검색하면 보실 수 있는데, 현장에서 20시간을 통역했거든요. 아침 8시부터 새벽 5시까지 있었어요. 농인 모델이 6~8명 정도로 많이 있었는데, 그때 현장에서 하루종일 함께 하면서 광고 통역을 했었던 게 굉장히 힘들긴 했지만, 저에게 의미가 있었어요. 그들이 주인공 될 수 있게끔 제가 연결 역할을 한 거잖아요. 그게 보람도 있었고 그분들이 너무 멋있게 나와서 행복했어요. 바쁘고 힘들긴 했지만, 굉장히 기억에 남았어요.

| '마스크를 쓸 수 없는 통역사' 표정과 입 모양을 감추면 어렵다고 |

표정도 같이 언어가 돼요. 손만 전달하는 게 아니거든요. 예를 들면, '진짜', '맞아'라는 수어인데 의문문, 물어볼 때는 의미가 굉장히 달라지거든요. 한 손 문장이지만 표정에 따라 의미가 '맞아'가 될 수 있고, '그게 맞아?'가 될 수 있고, '맞아, 맞아'가 될 수도 있고 다 달라요. 표정이 가려지면 무슨 말인지 이해하기가 어렵고 의사소통에 불편함이 있죠.

| 기독 수어 통역사, 자부심이 있을까요? |

예수님께서 땅끝까지 가서 복음을 전하라 하셨는데 수어 통역사 입장에서는 땅끝이 농인 사회인 거죠. 우리가 복음을 여기저기서 많이 듣거든요. "예수님 믿으세요!" 거리에서 외치는 사람도 있고요. 그런데 농인들에게는 복음을 보여줘야 해요. 보이는 복음이 필요한 사람들인데 그걸 할 수 있는 사람이 크리스천 수어 통역사인 거죠. 그런 부분에서 자부심이 있어요. 개인적으로는 주변에 친한 농인 동생이나 친구들에게 어려울 때 편하게 연락할 수 있는 예수 믿는 언니가 되어주고 싶어요.

어느 교회에 농인 부부가 오랫동안 다녔는데, 통역사가 없다 보니 설교문을 받아 읽으면서 예배에 참여하셨다고 하더라고요. 그 시간이 길어지면서 답답하기도 하고 제한적이니까 안 되겠다 싶어서 농인 부서가 있는 교회로 옮기셨는데, 거기서 아이를 낳으신 거예요. 아이는 청인이다 보니까 교회의 농인 부서에서 청인 아이를 대상으로 주일학교를 하기가 어렵게 된 거죠. 어떻게 할까 고민하시다가 다시 돌아오고 싶다고 연락이 왔는데, 마침 제가 거기 있었거든요. 주일 예배 때마다 수어 동시 통역을 세워주셔서 그 통역사로 제가 섬기고 있어요. 심지어 화면을 크게 넣으셨더라고요. 교회 측에서 배려해 주셔서 너무 좋다고 농인 부부께 연락이 왔어요. 교회의 그런 배려가 저도 감사해요.

| 교회 공동체에서는 어떤 모습으로 살아가나요? |

통역할 때는 어르신들이 귀하게 여겨주시는 것을 느끼고 있어요. 장로님이 오셔서 인사해 주시고 예뻐해 주시는 것도 있는데 공동체 안에서는 저도 그냥 청년이에요. 힘든 거 있으면 징징거리고 얘기해요. 이게 너무 힘들었다, 오늘 목사님이 헬라어를 많이 얘기해서 어려웠다. 저 스물일곱 살이거든요. 연애 이야기, 큐티 못한 이야기, 이런 얘기들을 나눠요. 다를 게 없어요. 저도 똑같아요.

| 통역사 입장에서 좋은 교회는? |

농인이 성도로 왔을 때 함께 예배할 수 있도록 수어 통역사가 있는 환경이 제일 중요한 것 같아요. 가끔 연세 있는 분 중에 '다름'을 불편하게 여기는 분들을 만나요. "예쁜데 왜 장애가 있어?" 이렇게 얘기하시는데, 그거 되게 망언이거든요. 진짜 절대 하면 안 되는 말이죠. 잘 모르시니 하시는 실수인데, 교회 안에서는 그런 부분에 더 민감하게 반응하고 배려해 주셨으면 좋겠다는 생각이 들어요. 사실 같거든요, 사용하는 언어만 다를 뿐이죠. 저도 농인 단체에 들어간 적이 있었는데 그땐 수어를 잘 못 했어요. 심지어 이름도 천천히 표현할 때라서 어떻게 적응하나 걱정이 많았어요. 그런데 그때 오히려 제가 농인 언니, 오빠들에게 많은 도움을 받았어요. 서로 사용하는 언어만 다를 뿐이지 부족한 게 아니거든요. 그저 수어라는 언어를 사용하는 사람들이라고 생각해 주시면 좋을 것 같아요.

| 앞으로 계획이 있다면? |

지금 제 활동 영역은 계획하며 만들어 낸 자리가 아니에요. 감사하게도 하나님께서 주신 것이라 믿어요. 그래서 앞으로의 미래를 계획하기보다는 하나님의 계획을 믿어보려고요. 다음 주는 엔터테인먼트사와 미팅을 하기로 했어요. 어떤 일이 이루어질지 잘 모르겠고 저도 뭘 할 수 있을지 모르겠어요. 그냥 잘 걸어가 보려고 합니다.

농인 학교가 서울에 3곳 있는데 전에는 자주 방문했어요. 아이들에게 좋은 언니, 누나가 되어주고 싶어서 찾아갔죠. 그런데 너무 바빠지면서 아이들을 만날 시간이 많이 없었어요. 얼마 전, 회사 일 때문에 방문했는데 아이들이 계단을 오르다가 저를 알아보고 다시 내려와 사진 찍자며 반기더라고요. 옛날에는 제가 찾아가서 두드리고 아이들과 마음을 나누려고 노력했는데, 그때를 생각하면 이런 변화가 참 감사해요. 그래서 가능하면 시간을 내서 아이들을 자주 만나야겠다는 생각을 많이 해요.

YouTube
〈좋은 인터뷰〉 채주연 편 보기

성형외과 전문의

| 자기소개를 부탁드립니다 |

안녕하세요. 저는 성형외과 전문의 유혜미입니다. 태어난 곳은 서울이지만 아버지가 부산에서 교회를 개척하시며 내려가게 됐는데 그때가 초등학교 1학년 때였어요. 개척 교회가 힘들잖아요. 어린 시절 육성회비 못 내서 친구들과 앞에 나가서 손바닥을 맞은 적이 있어요. 그때 너무 충격을 받았죠. 형편이 어려워 어머니가 식당에서 일도 하시면서 저희를 키워주셨어요. 학창 시절 엄마랑 같이 헌책방을 자주 갔던 기억이 나요. 헌책방에 가면 남들이 푼 문제집이 있거든요. 그

걸 사다가 지우개로 한 시간 동안 다 지워요. 그 위에 문제를 또 풀었어요.

| 성형외과, 전공 선택의 이유가 있으시다면? |

제일 처음 제외했던 과가 성형외과에요. '나는 미용하면서 돈에 얽매이는 의사는 절대 되지 말아야지'라는 생각을 했었죠. 친구들과 이야기할 때도, "성형외과는 일단 제외하고 다른 과"라고 말했어요. 대학 졸업 후, 인턴을 하면 여러 과를 한 달에 한 번씩 도는데 수술방에 들어가니까 너무 편안한 거예요. 막혀있는 공간에서 음악 들으면서 수술에 집중하는 게 꼭 나만의 공간에서 일하는 것 같이 편안하고 괜히 멋있어 보였어요. 수술방이 잘 맞는다는 생각이 들었고 손재주도 좀 있어서 어시스트나 수술하는 선생님 옆에서 보조하는 게 재밌으면서 잘한다는 말을 많이 들으니까 '나는 수술하는 과를 가야겠구나' 생각하게 되었죠.

처음에는 정형외과를 마음에 뒀어요. 그런데 정형외과가 워낙 힘들고 남자들만 주로 뽑기 때문에 주위에서 많이 만류했어요. 그다음에 인턴으로 순회했던 과가 성형외과였어요. 대학 병원 성형외과는 하는 일이 다르거든요. 화상 환자, 교통사고 환자. 안면골절이 있으면 뼈 수술해 주고, 얼굴이 심하게 찢어지면 응급실에서 봉합해 주고, 손가락뼈 같은 걸 맞춰주고, 빠진 손톱 꽂아주는 수술이었어요. 제가 생각했던 그 이미지가 아니고, 너무 멋있는 거예요. 예전에 입이 많이 찢어진 환자가 왔는데, 응급실에서 제가 꿰매준 부위가 다시 잘 붙은 걸 보니까 너무 마음이 뿌듯하고 보람 있었어요. "성형외과를 꼭 해야겠다!" 할 만큼 매력을 느꼈던 거죠.

| 성형외과 의사로서 자기 관리에 느끼는 부담감이 있나요? |

환자 입장에서, 전문 과목이 미용 분야면 담당 의사가 피부도 좋고 단정한 사람이면 더 신뢰를 주잖아요. 그건 의사뿐 아니라 다른 일 하시는 분들도 마찬가지일 거예요. 지저분하게 있으면 신뢰가 떨어지는 게 사실이에요. 요즘 성형외과 방문하시는 환자들은 자기 관리에 관심이 많으세요. 연세가 있으셔도 사람을 만나기 위해 자기 관리를 열심히 하시죠. 조금 더 밝은 이미지, 단정한 느낌을 주기 위해서 다들 노력하시는 것 같아요.

| 기억에 남는 환자나 에피소드가 있다면? |

중년의 남자 환자가 발뒤꿈치에 검은색 점이 있어서 검사하러 왔는데, 그게 악성 흑색종이었던 거예요. 암이죠. 게다가 악성이어서 충격을 받으셨어요. 암이 퍼지면 사망할 수 있었거든요. 간단한 피부암은 살짝 절제만 하면 되는데 그 환자의 경우는 파고들 수 있어서 발뒤꿈치 살덩어리를 자기 주먹만큼이나 절제했어요. 다른 과에서 절제 수술을 진행하면, 그렇게 살 수 없잖아요. 수술하고 성형외과에서는 새로 살을 만들어주는 거예요. 보통 등살을 잘라서 발뒤꿈치에 붙여주죠. 근데 살만 그냥 붙여두면 살이 죽거든요. 등에 있는 혈관과 발의 주혈관을 연결해주는 미세 접합 수술을 현미경을 보며 진행해요. 살이 잘 붙는지 수술 당일부터 두 시간마다 체크를 하는데 눌렀다 뗐다 하면서 피가 돌아오는 게 잘 되는지 살피는 거죠. 그때 제가 1년 차였는데, 밤에 잠을 안 자고 두 시간마다 알람을 맞춰놓고 계속 체크를 했어요. 그걸 일주일에서 열흘 정도 하면서 거의 밤을 새웠죠. 그것만 하는 게 아니고 응급 환자들도 봐야 하니까 잠을 진짜 거의 못 잤어요. 결국, 그 환자는 살이 잘 붙었어요. 퇴원할 때가 돼서 감사하다며 예쁜 스카프를 선물해 주셨는데 그것만 보면 그 환자가 생각나요.

| 신앙과 학업의 갈등이 있으셨을까요? |

부담이 있었죠. 시험 기간에 교회 가면 공부 시간이 줄어들잖아요. 그래서 수첩에 공부할 거 다 적어 가서 예배 시간 중간, 중간 공부할 정도로 공붓벌레이기는 했어요. 시험 기간에 공부 안 하면 마음이 불안했거든요. 책을 손에서 떼면 불안했어요. 심지어 걸어 다닐 때도 책 보다가 전봇대에 부딪치기도 하고, 머리 감을 때도 붙여놓고 보면서 감고, 교과서를 제 목소리로 녹음해서 틀어놓은 채로 잘 정도였어요. 일분일초가 아까웠던 시절이어서 신앙적으로 갈등하긴 했죠. 저는 제 머리가 좋다고 생각하지 않았거든요. 그래서 엄청나게 노력하고 지혜를 주십사 많이 기도했어요. 제가 아무리 노력을 해도 결과는 하나님께 달렸다고 믿었기 때문에 좋은 결과를 달라고 기도하면서 공부했던 기억이 있어요. 최고 성적이요? 고등학교 때 전교 1등, 중학교 때도 전교 1등.

| 신앙의 지각 변동이 가장 컸던 경험이? |

사람이 가장 힘들 때 하나님을 찾잖아요. 남편이 군의관으로 복무하다가 갑자기 쓰러졌어요. 희귀병으로 몸이 전체적으로 안 좋아져서 거의 죽을 뻔한 적이 있었거든요. 중환자실에 조금 있었는데, 결혼한 지 일 년밖에 안 되어서 아기도 없을 때였어요. 이렇게 남편이 죽으면 어떡하나 염려 가득 안고 아산병원 기도실에서 매일 기도했어요. 의사들도 그 병이 뭔지 몰라서 논문 찾아가며 치료했는데, 그 병을 앓고 있는 환자가 전 세계에 30여 명밖에 없었고 죽은 경우도 있더라고요. 논문에서 면역억제제를 써서 나았다는 것을 보고 시도했는데 다행히 그게 잘 맞아서 회복했어요. 그때 기도도 많이 하고 신앙이 가장 좋았던 것 같아요.

| 보이지 않는 하나님을 어떻게 믿으세요? |

모든 게 다 과학적이진 않잖아요. 사람이 죽은 후, 영혼이란 존재도 그렇고 사람의 꿈의 영역도 우리는 잘 모르잖아요. 세상일이 여러 가지 하나님의 섭리 가운데 있기에, 공부하면 할수록 우리가 알지 못하는 것들이 많다는 걸 알게 되죠. 부천 순천향병원 로비에 보면 이런 글이 있거든요. "질병은 하늘이 고치고 의사는 그 과정을 도울 뿐이다." 결국, 의사는 정해진 매뉴얼대로 환자를 치료하지만, 결과는 알 수 없어요. 하나님의 뜻에 달렸다고 생각해요. 아무리 내가 매뉴얼대로 정확하게 치료하고 진료하더라도 결과가 좋지 못하게 나오는 건 가끔 생길 수 있는 일이거든요. 수학적인 논리로는 해결이 안 되는 거죠. 환자가 낫고 치료되는 과정을 보면 이런 생각이 들어요. '이 일은 내 능력 밖의 일이다. 나는 할 수 있는 과정대로, 배운 대로 한 것 뿐이고 모든 결과는 결국 하나님이 일하신 게 아닌가.'

| 어린 시절 꾸던 꿈, 여전히 꾸는 꿈? |

어릴 때부터 계속 의사만 생각하고 살았는데 의사가 됐더니 어릴 때 치던 피아노가 생각나더라고요. 꽤 오래 치면서 피아니스트가 돼볼까 생각도 했었거든요. 그런데 피아노 교육이나 음악 교육은 돈이 많이 들잖아요. 그럴 형편이 안 돼서 공부만 해야겠다 생각하며 살았어요. 의사가 되고 나서 이제 돈을 좀 버니까 피아노를 더 배우고 싶은 거예요. 지금 좋은 선생님을 찾아서 배우고 있고 언젠가는 작곡도 해서 음반까지 내는 걸 목표로 하고 있어요.

올해부터 유튜브를 시작했는데, 내가 어떤 제품의 인플루언서가 되는 게 아니고 하나님의 인플루언서가 되면 어떨까? 이런 생각을 하게 됐어요. 사실 전 유튜브를 위해 촬영하고 편집하는 것을 힘들어했거든요. 그런데 그냥 도전한 거예요. 영상을 통해 제가 알고 있는 의학 지식도 얘기해 주고 사람들에게 도움을 주고 싶어요. 영상 작업이 하나님의 일이 되는 게 제 꿈이에요. 처음부터 신앙을 이야기할 만한 위치는 아니고 제 전공을 살려서 영향을 끼치고 싶어요. 제가 듣기로 성형외과는 예뻐지려는 환자를 수술해 주는 게 아니고 마음이 아픈 사람을 치료해 주는 과래요. 그 이야기를 듣고 생각이 많아졌어요. 사람들이 얼굴에 고민이 있지만, 사실은 마음의 병이 있어서 왔다는 것을 헤아리면서 치료하고 싶어요. 성형외과는 상처 치료를 제일 잘하는 과라고 하잖아요. 그런 것에도 자부심을 느끼거든요. 미용을 잘하는 성형외과 의사는 많아요. 그런데 아픈 데를 치료해 주는 의사는 적은 것 같아요. 그런 부분을 잘 찾아내 주면서 살아가는 게 제 꿈이고 기도 제목입니다.

YouTube
〈좋은 인터뷰〉 유혜미 편 보기

외과 전문의

| 외과 전공을 선택한 이유 |

저는 30대 외과 전문의 이다윗이고요. 지금은 부산의 한 종합 병원 응급실에서 근무하고 있습니다. 의대 재학시절 수업할 때는 공부하는 게 거의 내과 위주다 보니까, 내과가 재미있었어요. 그래서 내과를 해야 하나 생각했죠. 막상 병원 실습을 들어가니까, 내과가 저랑 안 맞는 것을 느꼈어요. 그런데 수술하는 과를 실습하는데, 환자를 마취시켜 재워놓고 수술한 후에 환자가 마취에서 깨어나 걷는 것을 보는데 희열을 느껴졌어요. 보통은 외과를 기피하거든요. 그래서 외과를 희

망한다고 말하는 순간 위에 있는 선배, 교수님이 득달같이 달려들어서 "얘, 우리 과!"라고 그냥 선언해 버려요. 그냥 관심이 조금 있다는 정도의 얘기였는데 외과가 좀 그래요.

| 외과 의사의 스트레스가 있다면? |

외과 의사만이 아니라, 사실 모든 의사의 스트레스가 아닐까 싶어요. 배우면 배울수록 '아, 내가 아는 게 정말 적구나', '내가 모르는 게 정말 많구나'라는 걸 느끼게 되거든요. 모르는 게 가장 스트레스고 힘들어요. 전공의 1년 차 처음 들어가면 가장 스트레스가 아무것도 모르는데 어떻게든 환자를 보기 시작해야 한다는 거예요. 진료해야 하고, 처방을 내리고 치료를 해야 하는 그 부분이 스트레스였어요. 응급실에 있을 때 어디서부터 어떻게 해야 할지 모르는 막막함이 가장 큰 스트레스였는데 어떻게든 부딪히면서 배워나가고 점점 익숙해져서 많이 해결됐어요. 그런데 이제 조금 알게 되면서 받는 스트레스가 또 있어요. 아는데, 내 힘으로 어떻게 할 수 없는 그런 상황과 마주할 때면 또 스트레스를 많이 받죠.

어느 날, 중환자실을 돌 때였는데 '아, 이 환자는 분명 좋아질 거야'라고 생각했지만 예상치 못하게 상태가 나빠지거나 합병증이 생겼을 때가 있었어요. 그때 제가 할 수 있는 건 수액 주고 약 쓰고 환자가 좋아지길 기다려야 하는 것뿐이더라고요. 내가 더 이상 해줄 수 있는 것이 없을 때, 안절부절못하는 제 모습이 가장 힘들었죠. 대부분 의사들이 이런 상황에서 가장 힘들어할 것 같아요.

| 기억나는 환자가 있다면? |

2년 차 때 응급실 근무를 하는데, 50대 여자분이 따님과 같이 오셨어요. '배가 부르다', '자꾸 더부룩하고 토한다'며 오셨는데 진짜 배가 남산만 하게 임신한 여자처럼 불러있더라고요. 환자 기록을 보니까 1년 전, 췌장에 물혹이 있었는데 수술해야 한다는 설명을 듣고도 크기가 작으니 괜찮다며 더 이상 병원을 오시지 않았더라고요. 그렇게 응급실에서 1년 만에 제가 다시 보게 된 건데, CT를 찍어 보니까 췌장 혹이었던 게 대장, 소장, 위 배 전체에 다 엉켜서 퍼져 있었던 거예요. 그게 장의 길을 막으니까 못 먹고, 계속 배가 불러오면서 가스가 차고 안 내려가니까 토하고. 상태를 확인한 후에 보호자인 따님을 따로 불러서 CT를 보여주며 상황을 전했죠. "이거 지금 다 암인데 1년 전에 있었던 게 진행을 해서 이미 말기로 다 퍼진 거다. 지금은 사실상 수술은 불가능한 상태고, 길어봤자 6개월에서 1년, 빠르면 1~2개월 안에 돌아가실 거다."

그런데 보호자가 제게 어머님께 다시 설명해 달라고 요청하더라고요. 어머님께 말씀드려 놨으니 의사 선생님이 정확하게 설명해 달라고. 그래서 늘 하듯이 가서 말씀드렸어요. "어머님 아시겠지만, 이거

췌장암 말기고 길어봤자 6개월에서 1년이고. 1~2개월 안에 돌아가실 수 있어요. 그래서 지금은 수술이 안 돼요. 그냥 항암 치료만이 유일한 방법이에요. 마음이 힘드시겠지만, 일단 시간 있을 때 가족분이나 만날 사람 있으면 같이 함께하는 시간 가지세요. 그게 좋을 것 같아요"라고 했는데 그 환자분이 웃으면서 저한테 이런 말을 하시더라고요. "아이고, 선생님 고맙습니다. 선생님 이름이 다윗이에요? 나는 예수 믿고, 하나님 믿고 죽는데 뭐가 두렵겠어요. 너무 기뻐요." 제 뒤는 이름이 명찰에 있으니까 환자분이 기억하시더라고요. 그분의 그런 모습에 충격받으며 순간 울컥하는 거예요. 그동안 환자를 기계적으로 대하며 살아왔는데, '이런 게 구원의 기쁨인가?' 싶었죠. 그때의 그 기억이 있네요.

| 학창 시절, 학업과 신앙 갈등은 없었나요? |

태어나 보니 다윗이었어요. 제 의지랑 상관없이. 모태 신앙이었죠. 부모님 신조가 '공부 좀 덜 해도 되니까, 예배는 빠지지 마라. 건강만 해라' 이거였어요. 부모님께서 학업을 두고 압박하거나 스트레스 주는 것이 없었어요. 제가 원래 되게 공부를 못했거든요. 고등학교를 졸업하고 어느 지방대를 갔는데, 한 달 다니다가 내가 도대체 왜 여기 있는지 모르겠다는 생각이 들어서 부모님께 말씀드렸죠. "재수해서 한 번 제대로 해보고 싶어요." 부모님께서 제가 그 말을 할 때까지 기다렸다고 하시더라고요. 재수시켜 줄 테니 내려오라고 하셔서 대학 입학 한 달 만에 자퇴하고 4월부터 재수를 시작했어요.

재수하면서 기준을 세웠어요. '주일 예배와 금요일 저녁 청년부 목장 모임 외의 것은 나중에 수능이 끝나고 하자.' 왜냐하면 수능 공부를 하기로 했으니 그 자체도 삶의 예배라고 생각했어요. 재수하며 열심히 공부하는 것도 신앙인으로서 굉장히 중요하다고 생각한 거죠. 그렇게 결심하고 정말 열심히 했는데 수능 한 달 남겨놓고 뭔가 깨달음을 얻은 느낌이랄까요, 좀 이상했어요. 문제를 풀면서 '이상하다. 왜 쉽지?' 이런 생각이 들더라고요. 나중에 결과를 보니까 점수가 확 뛰었더라고요. 그 이후로 한 번 더 수능을 준비하면 의과 대학에 갈 수 있을 것 같은 생각이 들어서 한 번 더 재수할 수 있게 해달라고 부모님께 요청했는데 처음엔 안 된다고 하셨지만 지난 재수 생활을 보시고 기회를 주기로 생각을 바꾸셨어요. 그래서 그다음 한 해는 더 열심히 했던 것 같아요. 잘하게 되니까 공부가 더 재밌더라고요. 하면 더 잘할 수 있을 것 같은 생각이 드니까 미친 듯이 달려들었죠. 진짜 공부하면서 단 하루도 빼놓지 않고 기도했어요. '하나님, 나에게 의과대학을 주시면 내가 주님을 위해서 인생의 절반을 바치겠습니다.' 지금 생각하면 철없이 드린 너무 무서운 기도였던 것 같기는 해요.

| 의사의 서재, 만화책 |

중학교 1학년 때부터 만화책을 모으기 시작했거든요. 처음에는 엄마 몰래 모았어요, 용돈으로. 이러다 혼날까 싶었는데, 막상 들켰을 때 어머니께서 나도 좀 보자며 가져가서 읽으시는 거예요. 그러시더니 너무 재밌다고 신용카드를 주시면서 전권을 다 사 오라고 말씀하시더라고요. 나중에는 거실에서 같이 보기도 했어요. 그 기억이 참 좋았어요. 어릴 때 용돈을 모아서 한 권, 두 권 그렇게 한 20년 모았던 것 같아요. 그러다 보니 방 하나를 가득 채우게 됐는데, 지금은 저도 어느 정도 경제적인 여유가 생겨서 그냥 전권을 카드로 결제해 버려요. 옛날부터 어른이 되면 이렇게 한번 해보는 게 꿈이었거든요. 한 권씩 살 때의 그 아쉬움과 감질나는 느낌 있잖아요. 그래서 어른이 되면 꼭 원 없이 만화책을 사보고 싶었어요.

재미난 일이 있었어요. 언제인가 이사를 할 때였는데, 업체 아저씨가 저희 어머니랑 같이 만화책을 이사 박스에 넣으시면서, "아이고 아들이 이렇게 만화책을 좋아하고, 노는 걸 좋아해서 어떡해요? 걱정 많으시겠어요?"라고 하셨나 봐요. 그래서 어머님이 이렇게 말씀하셨다네요. "저희 아들 의사예요."

| 신앙의 지각 변동 |

제가 고3 때 사고를 당해서 큰 수술을 받게 됐거든요. 수술받고 나온

그날 쇼크로 쓰러졌어요. 중환자실에 실려 가서 침대에 누워있는데, 너무 힘들어서 그냥 빨리 죽어버리고 싶다는 생각을 되게 많이 했어요. '하나님, 너무 힘든데 그만 내 생명 좀 가져가 주시면 안 되냐고 버틸 힘이 없다고.' 금식이라 물도 못 마시니까 목도 너무 마르고 힘들었거든요. 그때 그런 마음을 하나님께서 주시더라고요. '내가 그렇게 힘들었다. 내가 그렇게 너를 사랑해서, 너무나 너를 사랑해서 십자가 위에서 그렇게 힘들게 고생하다 죽었다.' 하나님의 사랑이라는 걸 머리로는 알고 있었고, 배워서도 알고 있었는데 개인적으로 체험한 적이 없었어요. 그때, 충격적으로 하나님과 만나게 됐지요. '하나님이 날 사랑하셔서 이런 고통을 받으시면서 돌아가셨다고? 대체 왜? 나를 왜?'

| 의료인이 고백하는 신앙 |

대부분의 사람은 의사가 할 수 있는 게 많다고 생각하는데, 사실 우리가 할 수 있는 게 별로 없거든요. 진료하고 치료하면서 제가 할 수 있는 게 굉장히 제한적이라는 것을 느껴요. 분명 이 환자는 죽을 것 같은데, 안 좋아질 것 같은데, 갑자기 기적적으로 살아서 걸어 나가는 경우도 있고. 어떤 환자는 큰 문제 없겠다고 생각했는데 예상치 못한 합병증이 생기거나 안 좋은 방향으로 흘러가서 돌아가시는 경우도 있고요. 그런 걸 보면, '아, 인간이 할 수 있는 게 정말 별로 없구나. 과학이나 의료라는 것도 결국 한계가 있구나' 이런 생각이 들죠. 과학이

나 의료는 전지전능하지 않아요. 의사 생활을 하면서 저도 한낱 인간이라는 것을 깊게 깨닫고 있어요. 믿음을 먼저 가지고, 그 믿음으로 과학을 봤을 때는 또 다르게 경험되는 하나님의 위대하심이 있거든요. 분명 의사의 판단으로 죽을 것 같았던 환자가 걸어 나갈 때는 하나님이 정말 위대하시다는 생각을 하게 됩니다.

YouTube
〈좋은 인터뷰〉 이다윗 편 보기

제 3 부

나의 삶, 하나님의 이야기

| 낯선 일입니다. 어떻게 시작하게 되셨나요? |

저는 목회자가 죽음을 어떻게 다뤄야 할지 신대원 가기 전부터 관심이 있었고요. 목회자가 일하는 것에 관심도 있었기 때문에 그 두 개가 접목된 거 같아요. 그 결과로 나온 게 장례 지도사죠.

죽음이 저에게 큰 사건으로 다가온 적이 있었습니다. 30대 중반, 결혼하고 아내와 교회에서 중등부 교사로 있었어요. 당시 제가 담임으로 가르치던 아이가 해외 비전 트립에 참여했다가 거기서 안타깝게 사고를 당해서 죽게 돼요. 아이의 사고 소식을 듣고 장례 절차를 교회장으로 준비하는데 실무적인 걸 제가 많이 관여하게 된 거죠. 참 힘든 시간이었어요. 그 과정에서 죽음에 대해 깊게 생각하게 되었어요.

필리핀 현지에서 화장한 유골을 들고 부모님이 한국으로 오셨거든요. 아이의 마지막 천국 환송 예배를 드리며 장례 절차가 마무리됐어요. 마무리하고 나서 저는 회사에 출근했는데, 퇴근하고 돌아와 집에서 제가 쓰러졌어요. 병원에 실려 가서 스텐트 시술을 하고 살아난 거죠. 제자의 죽음과 저의 죽음을 경험하면서 '죽음이 무엇인가, 인생이 무엇인가, 삶이 무엇인가.'를 생각하게 되었어요.

| 일하는 목회자로 살아가며 불편한 시선은 없었을까요? |

어려움이 약간 있긴 있어요. 왜냐하면, 사람들의 인식이 목사라면 눈에 보이는 조직 교회, 제도 교회 안에서 목회적 활동을 하고 그 목회적 활동을 통해서 성도의 삶을 돌보고 신앙의 성장을 도모하고 도와주는 사람이잖아요. 그런데 저는 거기서 많이 벗어나 있잖아요. 그래서 조금 어려운 부분이 있죠. 저의 목회 현장은 제가 일하는 곳입니다. 장례식장에서 일하며 거기서 신분을 드러내지 않아요, 의도적으로요. 처음부터 드러내지는 않지만 어쩌다 알게 되는 경우들이 있거든요, 그때부터 태도가 달라져요. 괜히 저를 어려워하죠. 그냥 편하게 장례를 돕는 장례 지도사로 대해 주면 되는데 목회자라는 것을 아는 순간 저를 어렵게 여기고 필요한 말도 제대로 못 하시는 거죠. 이런 걸 보면서 한편으로는 안타까워요.

다행히 제가 섬기는 교회는 일하는 목회자에 대한 편견이 없어요. 이미 제가 부임할 때부터 상황을 알렸고 삶의 현장에서, 일터에서 목회자로, 그리스도인으로 살아갈 때 경험하는 것을 성도님들이 오히려 듣기 좋아하세요, 신기해하시고. 그런 면에 있어서 감사하게 생각합니다.

| 교회에서 사례 없이 프리랜서 장례 지도사로 살고 있다고 들었습니다 |

교회에 목회자 몇 분이 계신데, 담임 목사님을 포함해서 아무도 사례비를 받지 않으세요. 첫 번째 이유는 교회의 재정 자체가 그렇게 넉넉하지 않아서 임대료를 내고 나면 사실 남는 돈이 거의 없어요. 두 번째 이유는 각 목회자가 나름의 업을 가지고 있어서예요. 어떻게 보면 다 일하는 목회자인 거죠. 그렇다 보니 일하는 목회자에 대한 성도님들의 이해가 어느 정도 있는 거죠.

수입을 말하자면, 프리랜서 장례 지도사 일은 하기 나름이에요. 어느 업종이나 마찬가지겠지만 아주 적극적인 영업을 하고 현장에서 열심히 활동하면 수입이 많고 수수료가 늘어날 수 있겠지만 저는 그렇게 하고 있지 않거든요. 장례업계 쪽에서 제가 하는 일을 입관 보조사라고 하는데, 입관을 보조하는 프리랜서로 활동하고 있어요. 그 수입이 생계를 책임질 만큼은 아니에요. 왜냐하면, 입관 보조라는 것이 하루에 할 수 있는 양이 제한되어 있다 보니 수입 자체는 그렇게 많지 않거든요. 일이 조금씩 많아지면 상조회사 같은 형태가 될 수도 있겠죠. 하지만 그걸 제가 지향하고 있지는 않습니다.

| 사업 계획이 아닌, 사역 계획이 있을까요? |

장례현장에 가보면 종교별로 형태가 많이 달라요. 제대를 꾸미는 것부터 해서 절차까지요. 제 경우 기독교식 장례가 많기는 해요. 교회 성도님을 모시는 경우가 대부분이긴 한데 그것마다 또 차이가 있거든요. 기독교식 장례도 정답은 없는 거 같아요. 다 달라요.

그런데 한편으로 아쉬운 것은, 타 종교와 구별이 안 돼요. 이게 무슨 얘기인가 하면 기독교식이라고 하지만 유, 불교가 섞여 있어요. 그게 나쁘다고 얘기하는 게 아니라 그냥 '이게 현실이구나'라는 걸 보게 됐어요. 진짜 기독교식이라는 것의 답을 정할 수는 없지만 '정답에 가까운 기독교 장례 방식이 뭘까' 대해 궁금하게 됐어요.

유가족의 종교가 다를 수 있잖아요. 예를 들면 시작할 때는 개신교 방식으로 해요. 목사님이 오셔서 예배를 드리고 기도하며 입관식을 시작했는데, 그 목사님은 곧 떠나시거든요. 그러면 제가 장례 지도사로서 나머지 입관식을 진행하는데요. 고인을 관에 모시고 나서 성수를 뿌리며 천주교식으로 마무리하는 것을 봤어요. 왜냐하면 유가족 중에 천주교 신자도 있으니까 그렇게 하기를 원하는 거예요.

더 놀라운 것은 빈소로 올라와서는 천도제를 따로 지내요. 이런 것들을 일반 목회자로서는 경험하기 쉽지 않지요. 정해진 시간에 방문해서 예배를 드린 후 떠나는 목회자는 자기가 기독교 장례를 집례했다고 여기게 돼요. 그런데 장례지도자로서 2박 3일 동안 현장에서 처음과 끝을 지키다 보면 목회자 없는 공백의 시간을 보게 될 거 아니에요? 그때 여러 가지 일들이 일어나는데 그 모습을 보면서 기독교식 장례에 대해 고민하게 된 거예요.

현장에서 장례 실무를 진행하면서 그 교회만의 장례 문화를 컨설팅해서 도움을 드리면 좋겠다는 생각을 하게 됐어요. 저는 죽음을 다루는 일이 목회자에게 중요하다고 생각하거든요. 장례 현장에서 자기 교회의 색깔과 문화와 역사가 반영된 장례식이 이루어진다면 참 의미 있을 거라고 생각해요. 그런 생각을 가지고 계신 목회자들과 협력해서 장례 현장을 만들어보면 어떨까 생각을 해보게 되었죠.

| 소박한 꿈이 있다고 들었습니다 |

모태 신앙으로 자랐기 때문에 '몸의 부활을 믿습니다'라고 항상 고백했는데 실제 몸의 부활이 어떤 모습일까를 상상해 본 적은 별로 없거든요. 그런데 장례 지도사로서 죽음을 가까이 다루다 보니까 몸의 부활을 구체적으로 기대하게 되더라고요. 저도 언젠가 죽게 될 거고, 죽었다가 예수님이 다시 오실 날에 제가 장례 지도사로서 모셨던 고인들을 만나게 될 텐데, 그 만남이 기대되는 거예요. 부활의 믿음이 반영된 기대죠.

사실 저는 이분들을 살아생전에 뵌 적이 없거든요. 제가 모셨던 분들을요. 차가운 입관실 냉장고에서 꺼내어 몸을 닦아드리려면 굳어있는 관절을 펴야 하고 손으로 만지며 눈으로 만나잖아요. 죽어있는 분들만 봤단 말이에요. 이분들이 살아나시면 꼭 보고 싶은 거예요. 만나서 인사하고 싶은 거죠.

"입관하면서 모셨는데 불편한 거 없으셨어요? 혹시 불편한 게 있으셨다면 죄송합니다. 제가 꼭 만나보고 싶었습니다."

이런 얘기들을 몸의 부활 이후에 만나서 진짜 해보고 싶어요.

| 기도 제목이 있을까요? |

가나안 성도라는 말을 혹시 들어보셨는지 모르겠지만 거꾸로 하면 '안나가' 성도잖아요. 그리스도인이라는 정체성은 가지고 있는데 여러 가지 이유로 교회를 안 나가시는 분들이 계속 늘어나는 거 같아요.

굉장히 많아요. 장례 현장에서 경험하는 것이 있습니다. 장례를 기독교식으로 치르고 싶은데 가나안 성도이기 때문에 모실 수 있는 목회자가 없는 경우들이 제법 있어요. 교회 출석하고 매 주일 나가서 예배는 드려요. 그런데 등록을 안 했거나, 등록을 했다 하더라도 교회 활동을 열심히 안 했기 때문에 목회자에게 장례가 났다는 소식을 알리기 부담스러워하는 분들이 은근히 있어요. 그런데 그분들이라고 해서 기독교식 장례를 안 하고 싶은 건 아니거든요.

| 혹시, 기도해 줄 수 있는 목사님 불러 주실 수 있어요? |

현장에 있으면 저에게 그런 요청을 종종 해요. 교회 안에만 그리스도인이 있지 않아요. 교회 바깥에도 그리스도인으로서 살아가고자 하는 사람들이 여전히 있거든요. 교회 안에 있는 사람들이 그들을 기억했으면 좋겠어요. 가나안 성도들을 사랑할 수 있는 목회자들이 늘어나기를 바라는 것이 제 기도 제목이에요.

YouTube
〈좋은 인터뷰〉 이춘수 편 보기

| 최근 근황을 들려주세요 |

강릉에서 개척 교회인 〈하늘뜻푸른교회〉를 섬기고 있습니다. 제가 대리운전을 하기 전에 택배를 1년 넘게 한 적이 있었어요. 그때 허리에 무리가 와서 몇 개월 전부터 걷지를 못하겠더라고요. 병원에 갔더니 디스크가 있어서 물리 치료를 계속 받아야 한다는 진단을 받았어요. 그래서 2~3달 정도 물리치료를 받으면서 밀린 교회 일도 하고, 기도도 하고, 또 아픈 기간 동안 감동을 주셔서 소설을 쓰고 있습니다. 본의 아니게 개척 7년 만에 안식월을 보내고 있습니다.

제가 서울 〈여의도순복음교회〉와 강릉 〈하늘뜻푸른교회〉에서 사역하며 크게 다른 점이 있다면 '머리에서 가슴으로'라고 표현하고 싶습니다. 머리에서 가슴, 외적으로는 그 길이가 30~40cm 정도 되겠습니다. 그런데 내려오는 기간이 너무 오래 걸렸죠. 제가 서울에서 사역할 때도 성도님들이 어렵게 벌어서 헌금하는 것을 알고 있었어요. 머리로만, 지식으로만 알고 있었던 거죠. 이곳에 내려와 일하는 목사로 살아가면서 '참 돈 벌기가 쉬운 것이 아니구나' 그것을 가슴으로 느꼈습니다.

대리운전하면서 험한 일을 당할 때가 있습니다. 진상 손님에게 멱살 잡힐 때도 있고, 이유 없이 욕을 먹을 때도 있고, 뒤통수를 한 대 맞을 때도 있고요. 그때는 정말 인격적인 모욕감 때문에 많이 힘듭니다. 그런 일상이 지나고 주일에 예배를 드릴 때, 봉헌 기도를 할 때면 지나온 일주일의 제 삶이 생각나면서 '나도 힘들었지만, 성도님들도 힘들었겠구나'하고 울컥해요. '이 돈은 정말 귀한 돈이다. 자기의 피, 자기의 살 같은 땀이 섞인 헌금을 드리는 것이구나.' 마음이 숙연해지면서 눈물이 나왔어요. 성도님들을 위해 간절히 축복해 주던 것이 생각납니다.

2012년 6월 4일에 교회를 개척했어요. 9개월 만에 두 손을 들었죠. 일단은 물질의 바닥을 경험했습니다. 날아오는 고지서, 자녀들의 학자금이 밀렸다는 통보가 오고, 자동차 기름이 아슬아슬하고, 집 보일러 기름에 빨간 불이 오고… 제일 힘든 건 당황스러움이었습니다. 서울에서의 삶은 이 정도는 아니었거든요. 정해진 사례비를 받고 여러 가지 부수적인 것을 통해 공급을 받았습니다.

재정이 바닥을 치니까 참 난감했습니다. 날씨로 비유하면 추운 겨울에 반팔 입고 서 있는 느낌. 흔히들 개척 교회를 영적 최전선이라고 합니다. 전쟁터에서 총알이 떨어지면 그다음 할 수 있는 것이 육박전이죠. 육박전은 체력에 한계가 있어요. 그래서 무기를 든 사람에게 밀릴 수밖에 없죠. 마찬가지로 재정이 바닥을 치니까 너무 힘들고, 거기에 따른 정신적 피폐함 때문에 많이 힘들었습니다.

| 일하는 목회자로 살아가며 힘들었던 일, 보람된 일 |

주변 동료 교역자들이나 잘 나가는 후배들과의 비교가 힘들었습니다. 일하며, 목회하며 열심히 달려보지만, 여전히 헛바퀴 돌리며 제자리걸음을 하거나, 오히려 후퇴한다는 느낌이 들면서 비교당할 때 많이 힘들었어요. 어느 날, 동료 교역자에게 전화가 왔어요. 그 당시 그분은 제가 낮에 택배까지 하는 것은 몰랐어요. "목사님 요즘도 저녁에 대리운전하세요?" "아휴, 대리만 해요? 낮에 택배도 해요." 차마 이 말은 자존심 상해서 못했어요.

일을 시작하게 되면서, 일단 설교 예화가 달라졌습니다. 그전에는 책을 통해서나, 다른 목사님의 이야기에서 예화를 가져 왔다면, 이제는 제가 고객을 만나는 일상이 예화입니다. 이렇게 만난 사람, 저렇게 만난 사람. 겪은 일이 살아있는 예화로 접목되니까 성경을 읽을 때 더 피부에 와닿습니다. 남의 이야기를 예화로 가져오는 것이 아니라 제 경험을 버무려서 전할 수 있는 좋은 점이 있습니다.

| 후배 목회자들에게 하고 싶은 말씀이 있다면? |

내가 있는 자리에서 나답게 사는 것이 무엇인가, 남을 따라하기 보다는 하나님께서 나에게 원하는 것이 무엇인가를 고민하며 그 가치를 가지고 나아가는 것이 중요하다고 생각합니다. 일하는 목회자들이 많잖아요. 시대가 그렇게 접어드는 것 같아요. 옛날 70년대, 80년대 초반에는 천막(교회)을 세워놓으면 기본적으로 사람들이 왔어요. 지금은 교회 세워놓고 올 사람을 기대하면 하나도 없어요.

개척 초기에는 아내와 월, 화, 목, 금요일 오전과 오후에 마을을 돌면서 예수 믿으시라고 전도지를 수 만장 뿌렸어요. 주일에 사람들이 얼마나 올까 기대하면서 교회에 갔는데 한 사람도 안 왔어요. 너무 충격이었어요. 앞으로 선교나 전도의 패러다임도 삶 속에서 우리가 예수님을 보여주는 '작은 화면이다'라고 생각하면서 교회를 개척하고 목회를 감당해야 하겠습니다.

| 대리운전하시며 기억에 남는 이야기가 있을까요? |

의외로 비즈니스 때문에 술 드시는 성도가 많아요. 어느 모임에서 알게 된 장로님인데 그분은 저를 모르고 있었어요. 대리 호출을 받고 가보니 그 장로님이 동료 한 분과 계셨어요. '설마 목사가 대리운전을 할까?' 전혀 생각도 못 했겠죠. 비즈니스 때문에 한잔하시고 대리를 부른 거예요. 동료와 함께 차에 타시더군요. 중간에 한 분이 내리고, 그 장로님이 차에서 음악을 틀어달라고 했어요. 찬양이 나왔어요 '♪ 세상에서 방황할 때♫' 그런데 뒤에서 장로님이 따라 부르시면서 주여! 하면서 우는 것이었어요. 개척 교회 목사는 앞에서 운전하고 있고 장로님은 한잔하고 뒤에서 '주여'하면서 울고. 도착지에 거의 도착할 때쯤, "장로님 요즘 사업이 힘드시죠?"라며 인사를 드렸어요. 이분이 깜짝 놀라셨어요. "저를 어떻게?" "저 박종배 목사입니다." 인사를 드렸죠. 요금이 7천 원인데 6만 원을 건네셨어요.

"목사님 고생하시는데 식사라도 하세요. 요즘 사업이 참 힘듭니다. 저희 담임 목사님께는 비밀로 해주세요."

그런데, 다음날 또 만났어요. 그때는 자신이 왜 술을 마시는지 이야기를 하더라고요. 그날도 5만 원을 주셨어요. 역시 담임 목사님께는 비밀로 해달라는 부탁과 함께. "목사님이 대리운전하는 차에 장로가 타는 것도 희한한 일 아닙니까. 제가 만약 세 번째 목사님을 만나면 목사님 교회로 출석하라는 하나님 뜻으로 알고 순종하겠습니다." 그다음부터는 못 만났어요. 나중에 보니까 대리운전 회사를 바꾸셨더라고요.

| 앞으로 계획이 있으실까요? |

저는 교회에서 조그만 독립 책방을 하고 싶어요. 15분 정도 걸어가면 산이 있습니다. 그곳에 예쁘게 교회를 지어서 주중에는 독립 책방을 하고, 주일에는 함께 예배드리며 텃밭도 하고, 힐링도 하면서 교제도 하면 좋을 것 같아요. 성도님들께 우리 교회는 외적으로 확장되지는 않을 것이라 이야기했어요. 몇 명 안되지만 서로 함께 보폭을 맞추면서 주님 걸어가신 길을 함께 가는 것이 제 소망입니다. 지금도 그렇게 살려고 노력하고 있습니다.

YouTube
〈좋은 인터뷰〉 박종배 편 보기

약속 인테리어 대표
순복음회복교회 담임 목사

| 목회자로 부름받은 그때 |

강원식 목사 고등학교 때 신장염을 앓고 있었어요. 신장 하나를 떼어야 하는 지경까지 갔고, 그러다가 한 목사님 추천으로 오산리 기도원에 들어가서 고침 받고 내려왔어요. 내려와서 검사하니까 괜찮아졌다고, 정상이라고 해서 그때 하나님께 서원했죠. "찬양 목사가 되고 싶습니다." 하지만 가정의 반대로 신학을 못하고, 방황을 조금 하다가 2008년도에 늦깎이로 신학을 시작했어요.

권명진 전도사 중학교 때 어머니가 많이 편찮으셔서 어머니 손을 잡고 기도원을 다녔어요. 어느 날, 왜 그랬는지 모르겠는데 갑자기 눈물이 막 쏟아지면서 '복음을 위해 살겠습니다'라는 서원 기도를 하게 됐어요. 복음을 위해 사는 게 모두 목회자는 아니잖아요. 그래서 평신도로 섬긴다는 생각을 하면서 사회 복지사를 꿈꾸고 있었어요. 결국, 대학에서 사회 복지를 전공하게 되었고 졸업할 때까지 '나는 이 길로 갈 거야'라는 생각을 했었죠. 그런데 당시 교회 목사님께서 식사하시면서 어젯밤에 하나님께 받은 메시지가 있다며 말씀해 주시더라고요. "네가 어렸을 때 한 기도를 하나님 기억하고 계신다." 그때만 해도 신학교에 가야겠다는 생각을 못 했었는데 강권적으로 이끌리게 됐어요. 신학을 하면서는 '이게 원래 내 소명이었구나'라는 것을 깨달았고 지금까지 후회 없이 걷고 있습니다.

| 직업을 가진 사역자로 살아가고 있습니다 |

권명진 전도사 저희가 결혼해서 가정을 꾸리게 되었잖아요. 일단은 부모님께 근심거리가 안 되어야 하고, 또 자녀가 태어나면 양육을 해야 하니 재정 없이는 안 되잖아요. 많은 개척 교회 목사님들이 재정으로 어렵기에 사역을 더 활짝 펼치지 못하고 움츠리는 것을 너무 많이 봤어요. 그래서 우리가 당당하게 복음 전할 수 있으려면 직업이 있어야겠다는 생각을 했죠. 또 성도들이 와도 우리가 재정적으로 자립이 안 되면 부담스러워서 떠나시거나, 마음이 불편하잖아요. 그래서 사도 바울도 복음 전파에 장애 되지 않기 위해 자비량 사역을 한 것처럼 우리도 그래야겠다는 생각이 들었고 자연스럽게 직업을 갖게 되었어요. 여기에 대한 고민을 크게 하지 않았던 것 같아요.

강원식 목사 원래 태권도 사범이었어요. 지금은 몸이 많이 불어서 좀 그런데, 한 10년 정도 했거든요. 그래서 처음에는 목회와 태권도를 병행하면 어떨까 생각했어요. 그렇지만 태권도 학원을 하려면 기본 자금도 들어가야 하고 쉬운 일이 아니더라고요. 하나님께서 여러 가지 일을 좀 많이 시키셨어요. 공사 현장 노동도 하며 잡다하게 일을 많이 했죠. 그러다 결혼을 하게 되면서 목회와 가정을 어떻게 해야 할까 깊게 고민했는데 '그래도 하나님이 먼저 주신 교회가 가정이 아닌가? 내 가정을 건사하지 못하면 교회를 세우지 못하는 것이 아닌가?' 하는 생각에 가정을 우선 세우기 위해 일을 시작했어요. 어린이집 차량 운전도 하고 택시 운전도 하며 여러 가지 일을 하다가 장모님 친구분이 도배를 하는데, 돈을 잘 번다는 이야기를 듣게 되었어요.

그 말 한마디에 도배 학원을 등록하고 동시에 탑차를 사서 그냥 그렇게 무작정 뛰어들었어요. 인테리어 업계에 도배만 배우고 뛰어든 거예요. 일이 들어오면 유튜브 보며 공부해서 시공해 드리고 그랬어요. 4년 차 됐는데 지금은 어떤 것도 다 할 수 있을 정도가 되었지만, 초기에는 "무조건 다 할 수 있습니다. 네 해드리겠습니다"하고 밤에 와서 유튜브 보며 공부해서 일을 진행했죠. 그러니까 다른 기술자는 하루 만에 끝내는 일을 저 같은 경우에는 2~3일 걸렸어요. 기성 교단의 목사님들은 목회자인 제가 아직도 일하는 거에 대해서 불편한 기색을 보이세요. "네가 일을 잡고 있기 때문에 목회가 안 풀린다"라는 말을 너무 많이 들었어요.

권명진 전도사 진짜 하나님이 그만두라는 사인을 주시면 언제든지 그만두겠다는 약속을 하고 시작했거든요. 그래서 저희 인테리어 업체 이름도 '약속 실내 인테리어'에요. 하나님께 약속을 지키겠다, 그리고 고객과의 약속도 지키겠다. 이것도 기도하면서 받은 이름이거든요. 고객님들이 이름 너무 좋다고 말씀하세요. 이름을 약속으로 해놓고 보니 약속을 잘 지켜야겠다는 부담이 있어요.

| 어떻게 버스가 교회가 되었나요? |

강원식 목사 처음에 구상했던 개척 모델은 트럭 교회였어요. 짐칸이 열리는 큰 트럭 있잖아요. 양쪽으로 탑이 열리는 거예요. 거기에 악기와 예배 시설 준비해서 어디든 가서 펼치고 찬양하며 예배하는 게 꿈이었어요. 어느 날 버스 캠핑카가 TV에 나오는 것을 보게 되었죠. "우리, 버스를 개조해서 교회로 만들면 어떨까?"라고 아내에게 얘기했죠.

권명진 전도사 남편은 흥분해서 얘기하는데 저는 처음에 솔직히 너무 황당했어요. 일단 기도해 보자고 했죠. 결정하게 된 계기는 말씀이었어요. 이삭이 태어나기 전에 하나님께서 주신다고 약속하시자 사래가 웃었잖아요. 그리고 아브람도 사실 웃었고요. 버스에서 예배한다 그러면 사람들 첫 반응이 웃거든요. 아브람과 사래는 웃었는데 결국에는 하나님께서 언약을 이루셨고 하나님과 사람들이 함께 기뻐했잖아요. 진짜 웃음이 되었잖아요. 그 말씀을 떠올리게 하시면서 사람들이 비웃어도 하나님께서 이루시겠지 그런 기대감을 오히려 가지게 되더라고요.

강원식 목사 버스 교회를 유튜브에 검색해 봤어요. 그런데 하나가 딱 뜨는 거예요. 인천에 '필라장로교회'라고 있는데 그분이 계속 외국 선교사로 계시다가 한국에 들어와서 버스 교회를 시작하셨어요. 대단한 게 그분은 면허가 없어요. 버스를 구입하러 가서 버스 주인이었던 분이 그 교회 등록 교인이 되면서 운행을 하게 되었다고 하더라고요. 저희는 버스를 2019년 9월에 구입해서 낮에는 인테리어 일을 하고 퇴근 후에 조금씩 교회로 꾸미기 시작했어요. 몸이 피곤하다 보니까 공사가 늦어지고 있어서 아내가 조금 힘들어 했죠. 그런데 목사님이 인터뷰를 하신다고 하니까 빨리해야겠다는 생각에 속도를 내었습니다. 하나님께서 이렇게라도 밀고 계시는구나 싶은 생각이 들었습니다.

| 버스 교회의 장점과 단점 |

강원식 목사 장점은요. 일단 월세 내던 재정을 가지고 선교사님 후원을 시작했어요. 불필요한 재정 낭비가 줄고 좀 더 하나님의 사업을 위해서 지출할 수 있는 곳을 찾아볼 수 있는 여유가 생기더라고요. 단점이라면 보다시피 화장실을 만들지 않았어요. 냄새 때문에…. 화장실이 없으니까 예배를 위해 주차할 때 화장실 있는 곳을 찾아야 해요. 그것 말고는 불편한 게 없어요.

| 앞으로 계획이 있으실까요? |

강원식 목사 처음에 버스 교회를 시작한 이유가 조금 더 예배가 필요한 곳, 하나님의 말씀이 필요한 곳, 복음이 필요한 곳에 찾아가서 예배를 드리는 것이었거든요. 그것이 우리의 마지막 비전이기도 해요. 성도가 늘어나고 성전을 짓고, 이것이 목적이 아니라 그냥 하나님의 말씀이 필요한 곳을 찾아가는 것, 정말로 갈급한 사람들에게 복음을 그냥 전달해 드리고 오는 것이 저희 버스 교회의 마지막 목표예요.

YouTube
〈좋은 인터뷰〉 강원식 권명진 편 보기

포항 푸른초장교회 담임 목사

| 어떻게 붕어빵 사역을 시작하게 되셨는지요? |

포항에 있는 푸른초장교회를 섬기고 있습니다. 교회가 좀 어려워지다 보니까, 붕어빵을 구워서 전도해야겠다는 생각이 들었습니다. 교회 부흥을 위해서 시작한 게 붕어빵입니다. 붕어빵을 통해 전도하기 시작한 거죠. 월, 화, 목, 금 이렇게 오후 3시에서 6시까지 포항 오광장에서 붕어빵을 구워서 팔고 있습니다.

| 붕어빵 사역을 통해 얻은 가장 큰 보람 |

교회에 있어 보니 1년이 지나도 지하 교회로 찾아 들어오는 사람이 한 사람도 없었습니다. 그런데 붕어빵을 광장에서 판매하면서 하루에 최소한 50명에서 100명의 사람을 만날 수 있었습니다. 이 빵 때문에, 붕어빵 때문에 세상 사람들을 접할 수 있게 된 거죠. 사람들이 돈을 갖고 와서 저하고 만나고 얘기하는 이런 현상이 참 재미있었습니다. 사람을 만날 수 있는 그런 점이 가장 큰 의미고 보람이지 않나 생각합니다.

| 붕어빵 사역에서 가장 힘든 것 |

이런 사역을 기본적으로 이해 못 해주시는 분들이 있어요. 교인들 가운데도. 목사가 기도는 안 하고 자꾸 현장에 나가서 빵 구워 파는 게 별로 마음에 안 들어서 떠나는 분들도 있었고요. 그리고 목사님들 중에도 이거 하면서 교인들 많이 왔냐고 묻는 분들도 있어요. 저희 붕어빵이 재료는 물론이고, 맛도 좋고 크기가 아주 큽니다. 그러다 보니 가격이 조금 비싸요. 그래서 이거 왜 이렇게 비싸냐며 감정적인 말을 던지는 분들도 있어요. 그런데 목사가 돼서 일일이 다툴 수도 없고 또 변명할 수도 없고. 그런 게 처음 장사하면서 굉장히 힘들었어요.

| 교회 합병 실패 후 어려움에서 회복을 준 붕어빵 |

2016년, 교회 건축을 해보려는 마음에 땅을 보러 다닌 적이 있습니다. 마침 은퇴하시는 목사님 한 분을 만나게 되었습니다. 그 교회는 사택도 있고 건물도 있는데 교인이 너무 적어서 그 교회와 우리 교회를 합병하면 어떨지 제안이 들어왔었습니다. 그랬는데 무산이 되었어요. 합병이 무산되고 심리적으로 많이 위축되었죠. 목회도 어려워지면서 이러다가 교회 문 닫겠구나 싶더라고요. 그러다 붕어빵으로 전도해 보자 싶었던 3년 전 기억이 나서 빵을 들고 나서기 시작했어요. 그러면서 지진 이재민을 빵으로 섬길 기회가 왔었죠.

빵을 나누는데 붕어빵에 사람들의 마음이 열리는 것을 보면서 제가 회복되는 경험을 했어요. '아, 하나님께서 밖으로 나오게 하셨구나. 내가 왜 이제야 나왔지? 빨리 안 나오고 왜 교회에만 있었지?' 이렇게 현장에서, 도심 속에서 길거리 전도를 하며 가라앉았던 목회 열정이 다시 살아났어요. 그래서 저는 붕어빵을 하기 전과 후 인생관도 달라졌어요. 목회관은 물론 삶의 태도나 설교까지도 달라졌어요.

| 일하시며 목회 준비가 어렵지 않으세요? |

몸이 힘든 건 사실입니다. 오전에도 좀 쉬어야 할 때가 있는데 그러지를 못하고, 목회 사역에서도 심방이나 여러 영역에서의 아쉬움이 있습니다. 이 부분을 아내가 많이 감당해 주고 있어요. 설교 준비는 토요일에 하는데 그렇게 많이 힘들지 않습니다. 그런데 일을 하면서 얻은 것이 있어요. 묵상이 깊어졌습니다. 이론적이고 교리적인 부분이 아니라 실제적인 삶의 영역에서 마주하는 깊은 묵상이 가능해지더라고요. 그리고 설교의 적용점이 실제적으로 바뀌었어요. 몸은 피곤하지만, 오히려 삶과 신앙의 접촉점이 늘어나면서 설교가 더 풍성해지는 경험을 했습니다.

| 미래 세대 목회 모델 |

우리가 원하든 원치 않든 간에 한국 교회 현실이 굉장히 절박하지 않습니까. 제 주변에도 월세를 못 내서 힘들어하고 있는 목사님들이 많거든요. 저는 지역 교회의 복음 사역들이 가능해지려면 자비량 목회가 굉장히 중요한 부분이 아니겠는가 생각해 봅니다. 지금은 생계를 어느 정도 준비하지 않으면 아무리 목회자로 부름을 받았을지라도 목회를 이어갈 수 없는 시대라 생각합니다. 어떤 형태로든 목회자들이 지역 사회 속으로, 세상 밖으로 나가야 하는 그런 시대가 되었어요. 저는 지금 광장에서 행복한 붕어빵 목회를 하고 있습니다. 제도권 교회 안에 갇혀있어서는 더 이상 소망이 없다고 생각합니다. 우리만의 리그가 아니라 세상 속에서, 일터에서 좀 더 사람들을 가까이하며 미래를 준비해야 한다고 생각합니다.

| 기도 제목이 있으실까요? |

목사님들께 도움이 되었으면 좋겠어요. 요즘 하루에 한 건 이상은 목사님들로부터 붕어빵 판매나 전도에 대한 문의를 받습니다. 직접 사업체를 방문하기도 합니다. 붕어빵을 통해서 좀 더 많은 사역자에게 자활의 계기를 줄 수 있으면 좋겠습니다. 지금 어느 대학과 연계해서 미자립교회 자녀들에게 장학금을 줄 수 있도록 준비하는 프로젝트를 진행하고 있습니다. 물론 붕어빵을 통해서입니다. 그 문이 잘 열려서 많은 목회자와 자녀들에게 행복을 선물하고 싶습니다.

YouTube
〈좋은 인터뷰〉 김치학 편 보기

| 최근 어떻게 지내고 계세요? |

저는 대구에서 유학생을 돕고 복음을 전하는 ISF 국제학생회라는 단체를 섬기고 있습니다. 일과 사역을 열심히 하고 있습니다. 나무교회 개척하고 난 다음에 자비량 사역하는 중이어서 밤에는 유학생들 만나고 낮에는 건축사 사무소에서 컨설팅 관련 일을 하고 있습니다.

| 신학을 시작하실 때, 품고 있던 꿈 |

딱 하나였습니다. 선교사. 목사 안수 받을 생각이 없었는데 안정적으로 선교하기 위해서는 신학대학원을 졸업하고 안수를 받고 파송 받는 것이 가장 좋다고 주변 목사님들께서 추천해 주셔서 신학을 시작했습니다. 그런데 공부보다는 사람들과 어울려서 운동을 많이 했어요. 안수 받고 나가는 게 목적이었으니까요.

파송 받기 위해 많이 애썼던 것 같습니다. 온 가족이 선교사거든요. 누나와 사촌 형이 중앙아시아에서 선교하고 계시고 부모님도 십 년 넘게 자비량으로 평신도 선교사로 살아오셨습니다. 가족들이 있는 선교지에 다 가 봤는데 안수를 받고 가신 분도 괜찮았지만, 그 지역에 사는 사람들을 도와줄 수 있는 기술을 가진 사람이 선교사로 나가는 것도 좋겠다는 생각을 했습니다. 왜냐하면, 아버지께서 자동차 정비 기술을 가지고 계시는데 십 년 동안 그 나라에서 정비 기술을 가르쳐 주면서 현지 사람들이 취업할 수 있도록 도와주며 사역하셨어요. 그래서 목사가 어떤 기술을 가지고 선교지로 나가게 될 때, 파급력이 굉장하겠다는 생각이 들었죠. 저는 그런 꿈을 꾸고 준비하고 있습니다.

| 한때 휴대폰 판매점을 운영하셨어요 |

선교사가 꿈이었고, 특별히 기술을 가지고 들어가 현지 사람들에게 가르쳐주는 일을 하고 싶었거든요. 대부분 선교 나가 계신 분들이 고아원이나 유치원을 운영하시거든요. 그도 아니면 NGO 단체 활동을 많이 하시는데, 그것보다 내가 가지고 있는 선진적인 기술들, 한국에서는 보편화되고 대중화됐지만, 선교지에서는 앞서가는 좋은 기술들이 많잖아요. 그런 기술을 하나 배워서 선교지에 나가면 좋겠다는 고민하고 있을 때 미얀마에서 유심(USIM)이 엄청나게 비싸게 팔리고 있는 것을 알게 되었어요. 그걸 보고 핸드폰 기기 판매 말고 관련된 액세서리부터 여러 가지 부수적인 것들을 전문적으로 유통하면 좋겠다는 생각을 했거든요. 현지인에게 도움을 줄 수 있으면 좋겠다는 마음이었어요. 아내 명의로 시작하게 되었는데 제가 직접 판매하고 운영까지 하게 되었습니다. 선교를 위해서 그렇게 준비했습니다.

| 휴대폰 사업하며 재미있는 에피소드 있을까요? |

아무리 제가 싸게 드려도 본인들의 기대치가 있어서, 그 기대치에 미치지 못하면 오히려 제가 욕을 먹더라고요. 잘해드리고 욕먹는 경우가 많아서 지인 판매는 거의 안 하려고 합니다. 휴대폰 구매 시 사람들에게 도움 줄 수 있는 팁 같은 거 얘기하셨잖아요? 어떤 가게에 가든지 견적서 받아서 저한테 보여주시면 돼요. 제가 좋다 나쁘다 얘기 정도는 해드릴 수 있으니까. 대부분 많이 속으시는 게 카드 결합이고 선택 약정에 많이 속으시는데 이거는 대리점이 나에게 해주는 서비스가 아니라 소비자 권리거든요. 그런데 판매자가 "이거 할인해 드려요. 그리고 카드 결합하면 더 할인해 드려요"라고 얘기하면서 본인들이 할인해 주는 것처럼 넘어가는데 거기에 현혹되지 않으셨으면 좋겠어요. 핸드폰 잘 안다고 하시는 분들도 막상 판매점에 가서 좋지 않은 구매하시는 경우를 보면 약정 기간은 24개월로 하시는데 기기 약정은 36개월로 하고 오시는 경우가 많아요. 2년 뒤, 핸드폰 약정이 끝나서 바꾸려고 하면 아직 일 년이나 할부금이 남아있는 경우가 있어요. 그런데 목사가 성경 말씀으로 도움으로 드려야 하는데, 이런 조언을 해드려도 되나 모르네요.

나무교회를 개척할 수밖에 없었던 에피소드 하나가 있어요. 외국인 유학생 한 명이 와서 핸드폰을 사겠다고 하더라고요. 그런데 본인 나라에서 살 수 있는 가격을 생각하고 와보니 비싸서 살 수가 없는 거예요. 어쨌든 가입을 해야 하니까, 이름을 쓰는데 에벤에셀이라고 적더라고요. 그래서 "어? 에벤에셀? 크리스천이야?"라고 물어보니까, 본인이 크리스천이라고 그러더라고요. 마음이 움직였어요. 이걸 모른 척할 수가 없어서 제가 그냥 줬거든요. 그다음부터 만남이 시작됐는데 자세한 이야기를 들어보니 교통사고 때문에 몸의 모든 곳을 다 다쳐서 감각이 없는 친구였어요. 냄새도 못 맡고 입맛도 못 느끼고. 이 친구가 자살하려고 했는데, 직전에 구해줬던 간호사가 "한국에 가면 교회를 한번 가봐라. 한국에 가서 신앙생활을 한번 해봐라." 이렇게 추천을 해 줘서 아무 생각 없이 한국을 왔다 그러더라고요. 그리고 한국에 도착하자마자 가장 필요한 게 핸드폰이니까 핸드폰을 사러 저희 매장에 온 거고 저를 만난 거죠. 그리고 난 다음에 그 친구와 거의 일 년 동안 동거 같은 생활을 했어요.

처음에 저는 몰랐어요. 냄새도 못 맡고 맛을 못 느끼는 친구인지. 언제인가 고깃집을 데려갔는데 너무 잘 먹는 거예요. 이 친구가 된장을 먹을 수 있을까 싶어서 한식당에 갔는데 된장에 밥을 비벼 먹는 걸 봤어요. "너 청국장 먹으면 내가 인정한다"하고 청국장집을 갔는데도 다 먹는 거예요. 그래서 "야 너 진짜 최고다"라고 얘기했더니 어느 정도 마음이 열리고 난 다음, 이야기하더라고요. 자기가 교통사고로 모든 걸 다 잃어버렸다고.

그 후부터 제가 아무리 목사라고 얘기해도 형이라고 부르는 이 친구와 일 년 동안 동거동락했습니다. 일 년 뒤에 본인 나라로 돌아가게 될 때 그 친구가 했던 마지막 말이 유학생 사역의 시작이 되었습니다. "한국에 오는 많은 외국인이 형 같은 사람을 만났으면 좋겠다. 한국 사람들 거의 다 라이어(liar)야 거짓말쟁이야." 그래서 왜 그러냐고 물어봤더니, 다음에 꼭 한번 밥 먹자고 이야기해서 정말 기다렸는데 연락도 없고 만나지도 않았다는 거죠. 그런데 저는 유일하게 밥 먹자 그러며 연락이 왔다는 거예요. 그 친구를 만나면서 한 거는 밥 같이 먹어주고, 겨울옷이 없다길래 제 옷 나눠주고 힘들면 차 태워주고 이 정도였어요. 그 흔한 "교회 갈래? 예배드릴래? 너 하나님 믿어?" 뭐 이런 얘기조차 안 했던 것 같아요. 그런데 본국으로 돌아가며 "형 때문에 하나님이랑 더 친해진 것 같고 하나님을 더 알고 싶어졌어."라고 얘기하더라고요. 그때 많이 생각이 바뀌었어요. 한국 땅에 있는 외국인들이 눈에 보이기 시작하더라고요.

| 갑자기 시작된 유학생 사역 |

선교 나가려고 계속 준비하고 있었는데 파송이 여러 이유로 계속 밀리게 되었어요. 그래서 드는 생각이, '이러시는 이유가 있지 않을까?' 선교 사역이 제가 주도적으로 할 수 있는 것도 아니고 할 수 있는 건 기도하며 기다릴 수밖에 없는 건데 왜 이렇게 못 나가게 하시고 미루시는 건가 싶었죠. 그러던 도중 에벤에셀과의 만남으로 인해 하나님의 계획하심이 선명해졌어요. 한국에 있는 외국인이 보이기 시작한 거죠. 나갈 수 없는 또 다른 이유가 있었는데, 둘째, 셋째 아이 심장에 문제가 생겼다는 걸 확인했어요. 주기적으로 아이의 상태를 살펴야 했거든요. 외국에 나가서는 검진받을 수 있는 상황이 아니다 보니까 아이 때문에라도 나갈 수 없는 상황이 되더라고요. 그때 선명해졌어요. '아, 하나님께서 나에게 붙여주신 영혼들이 이곳에 있구나.' 한국에 있는 외국인들을 향한 하나님의 뜻이 있겠다 싶어서 개척을 결단하고 설립 예배를 그다음 주에 드리고 지금까지 외국인 유학생들을 돕고 있습니다.

지금은 대구에 와있는 9,800명 유학생의 키다리 아저씨로 살아가고 있습니다. '내가 보내거나 가거나' 이게 선교라고 배웠는데 여기에 추가로 '유학생을 다시 보내거나 가거나'로 바꿔서 열심히 일하며 사역하고 있습니다. 세계적으로 불고 있는 K-Culture 유행이 그냥 생긴 일이 아니라고 생각합니다. 선교를 위한 하나님의 방법이라 생각하며 이 땅에 보내주신 나그네들에게 복음을 전하고 있습니다. 복음 수출, 이 땅에서 내가, 그리고 우리가 할 수 있습니다. 끝으로 인도 친구 에벤에셀은 현재 인도의 한 교회 리더로 교회를 섬기고 있습니다.

| 교회 이름이 참 좋습니다 |

다들 생각하시는 그대로 나무교회입니다. 어차피 나무라는 게 다 주잖아요. 저희가 외국인 유학생을 돕고 있는 공동체이기 때문에 '다 주자. 그래서 나무교회로 하자'라고 생각했어요. 원래는 '아낌없이 주는 나무교회'로 하려고 했다가 이름이 너무 길어지는 것 같아서 그냥 '나무교회'로 지었습니다.

YouTube
〈좋은 인터뷰〉 주명재 편 보기

지천명교회 담임 목사
JCM 피트니스 대표

| 근황이 궁금합니다 |

수원에서 체육관을 운영하고 있습니다. 코로나 시국에 아무래도 체육 시설 자체가 고위험군에 속하잖아요. 그렇다 보니까 정부의 방침에 따라야 하니 닫아야죠. 닫다 보니, 경제적인 것은 감수해야 할 부분이더라고요. 그럼에도 불구하고 참 감사해요. 무엇보다 외롭지 않다는 점이요. 회원님들과 성도님들이 어려운 시기에 계속해서 안부를 물어봐 주시고 살아있느냐는 사랑의 메시지도 주세요.

| 미국 유학, 대형 한인교회 부목사, 그리고 개척 |

미국에서 공부할 때도 그렇고, 처음 유학을 생각할 때도 그렇고. 항상 저희 부부는 한국으로 돌아올 것이라 생각했어요. 그것을 꿈꿨었죠. 미국에서 공부하면 할수록, 그곳에서 교제권을 형성하고 사회생활을 할수록 '돌아가는 것이 맞는구나, 할 일이 한국에 있겠구나'라는 강한 확신이 들었어요. 그래서 돌아오게 되었습니다.

| '지천명교회' 이름이 특이해요 |

말 그대로, 풀이 그대로 '하늘의 뜻을 알자'입니다. 인생 길에는 늘 갈등이 있었어요. 유학을 결정하는 것, 타국에서 생활하는 것. 늘 여러 가지 선택을 해야 할 때 하나님께 질문했습니다. "이게 맞습니까? 이게 내가 원하는 겁니까? 아니면 하나님께서 저에게 원하시고 바라시는 것입니까?" 이런 질문을 아내랑 저랑 무진장 많이 던졌던 것 같아요. 예를 들면 영어로 리포트를 쓰다가 실력도 안 되고 답답함을 느끼면 아내와 같이 산책하면서 하늘을 바라보며 같이 하나님께 물었죠. 이게 하나님 뜻입니까? 그런 과정이 교회 이름을 짓는데 결정적 계기가 되었습니다.

| SNS에 꾸준한 묵상을 공유하고 있습니다 |

저에게 꾸준한 묵상은 사실 교회 이름과 연결이 됩니다. 하나님의 말씀을 듣고 싶기 때문입니다. 제가 하고 싶은 것이 워낙 많은 사람인지라, 삶의 선택이 나의 바람과 소원성취를 위한 것인지 아니면 정말 하나님께서 나에게 원하시는 것인지에 대한 그 갈등과 고민 속에서 답을 얻기 위해 묵상을 해나가고 있죠.

| 개척 모델이 조금 특별한데, 주변 시선이 어떠셨어요? |

목회적인 형태보다 교회 이름에서 비롯된 갈등이 아주 많았어요. 왜냐하면, 주류 이단인 신천지와 두 글자를 같이 쓰잖아요. 지천명, 신천지. 어쩐지 이단스러운 느낌을 많은 사람에게 주었나 봐요. 그래서 교회를 오셨다가도 가신 분들이 있습니다. 그래서 교회 이름을 약간 유하게 바꿔야 하나? 아내와 고민하고 상의를 해봤어요. 그럼에도 고집을 부리면서 유지했어요. '너희가 만날 사람은 만날 것이고, 너희가 돌볼 사람은 돌볼 것이다.' 그런 감동이 있어서 그 이름을 계속 고수하게 됐어요.

저와 같은 목회 형태가 이중직이잖아요. 어쩔 수 없이 목회자가 일해야 하는. 그래서 주위 사람들이 걱정을 많이 합니다. 예를 들어 성도님 중 장례가 발생했을 때, 당신은 직업 일정을 배제하고 장례식을 집례할 수 있는 집중력이 있느냐는 질문을 하세요. 저는 사실 할 수 있거든요. 할 수 있어서 이중직을 선택했고 이 길로 걸어왔고 운동이라는 형태를 통해 목회를 이어가고 있어요. 목회 집중력에 대해, 굳이 걱정 안 해도 되는 영역을 미리 걱정해 주시고 문제를 제기하시니까 약간 서운하고 힘들었던 시기가 있었어요. 상가 내에 두 공간이 있어요. 하나는 근력 운동실이고 하나는 필라테스를 전문적으로 가르치는 공간입니다. 필라테스 공간이 예배실로 전환됩니다.

| 신학을 하신 목사님은 헬스를, 음악을 하신 사모님은 필라테스를 |

유학을 갔다 오고 나서 1년 정도는 부교역자로 사역을 감당했었어요. 그런데 갑작스럽게 개척해야 할 상황에 놓이게 되었죠. 당시 아무것도 구해지지 않았어요. 함께 예배드릴 수 있는 공간도 확보되지 않았고, 어디 가서 뭘 해야 할지 고민도 많았고. 할 수 있는 것이 없어서 8평 원룸에서 개척을 시작했어요. 아내와 저와 한 가정이 함께 개척을 시작했어요. 개척을 했으니 나가서 누군가에게 진리를 전해야 하는데 힘들었어요. 못 나갔어요. 그 기간이 6개월 정도 되니까, 마음에 우울감이 찾아오고 슬픔과 분노가 생기더라고요. 그때도 묵상을 이어나가고 있었어요. 그런데 묵상으로 채워진 내용이 대형교회 비판이었어요. '큰 교회는 이런 것이 잘못되었다.' 아주 공격적인 내용으로 묵상이 채워졌죠. 지금 와서 그 글을 읽어보면 내가 제정신이 아니었구나 싶어요.

미국에서 아내가 먼저 운동을 시작했어요. 그러면서 제게 운동을 시작해보지 않겠느냐고 아내가 권하더라고요. 그냥 아내 따라 동네 헬스장을 갔어요. 그곳에서 저에게 큰 변화가 일어났죠. 운동하면 할수록 땀 흘린 만큼의 결과물들이 보이는 거예요. 더 신기한 변화는 몸의 변화가 일어날수록 제 내면에도 에너지가 생기기 시작하는 것이었어요. 더 좋았던 것은 헬스장에 다니는 같은 아파트 사람들과의 교제권이 형성되면서 8평 원룸에 갇혀 있던 제 마음이 치유가 되더라고요. 그래서 본격적으로 운동을 시작했어요. 누군가를 가르쳐 보기도 하고 실패도 해보면서요.

1년 정도 지나, 둘 다 스포츠 지도사 자격증을 땄어요. '개인 헬스장'이 장사가 되고 안 되고를 떠나서 우리를 위한 조그마한 운동공간을 만들어보자는 생각으로 수원 원천동에 저희만의 놀이터를 만들었어요. 그런데 사람들이 찾아오는 거예요. 우리의 놀이터가 개인 트레이닝(PT)을 할 수 있는 장소로 변모가 됐죠. 교회는 계속 옮겨 다녔었어요. 8평 원룸, 학원. 지금 정착한 곳은 형님이 건물을 매입하셔서 임대료 걱정 없이 목회 활동을 계속하고 있어요. 너무나 감사하죠.

| 운동 말고 좋아하는 것이 있으세요? |

솔직히 말해 너무 많아서 탈입니다. 운동 말고 최근에는 기타를 제대로 배워보고 싶습니다. 정말 잘하고 싶어요. 또 하나는 그림을 배우고 싶습니다. 지금은 마음뿐이지만 언젠가는 실천하지 않을까 생각합니다.

| 다른 계획이 있으신지요? |

단기적 계획은 체육관 교회를 하나 더 만드는 것입니다. 지금 수원 세류동에 공사를 거의 마쳤어요. 기기랑 문도 바꿔야 해서 돈 들어갈 일만 남았어요. 이것보다 더 장기적인 목표는 운동을 좋아하는 목회자를 찾아서 후임으로 세워야 하지 않을까? 미리 준비해야 하지 않을까? 제 생각은 그렇지만 하나님께서 어떻게 생각하실지 모르겠습니다.

YouTube
〈좋은 인터뷰〉 최덕호 편 보기

아산 뿌리교회 집사
부산 좋은나무교회 신재철 목사의 부모

| 요즘 어떻게 지내세요? |

한정혜 요새는 코로나 때문에 아무 데도 다니지도 못하고 집에만 있죠. 처음에는 퇴직하면 둘이 여행 다니자고 했는데, 막상 퇴직해보니까 그게 안 되더라고요. 들어앉아서 맨날 싸웠죠. 몇 달 지나고 나니까, 남편이 청소기도 잘 돌려주고 싸울 일이 없더라고요. 알아서 밥도 잘 챙겨 먹고 설거지도 잘하고요.

| 두 아들 어릴 때는 어땠어요? |

둘 다 너무 착하니까, 그게 참 좋아요. 성격은 대조적이에요. 재철이는 어려서부터 누가 용돈을 주면 자기가 100원 정도 쓰고 900원은 남 사주는 편이었어요. 재환이는 50원만 쓰고 꽉 쥐고 있어요. 그러다 나중에 형이 좀 달라고 꼬셔서 쓰죠. 학창시절에는 우리와 떨어져 살아도 말썽 안 부리고 착실하게 학교 다녔어요. 큰아이 어렸을 때, 1학년 입학하고 2학기 초에 선생님께 50원만 빌려달라고 했대요. "뭐 하려고 50원을 빌리니?" 하니까, 빵 사 먹으려는데 50원이 부족하다고 했대요. 그렇게 넉살이 있었어요. 조그만 게 어떻게 선생님께 돈 빌려달란 소리를 해요. 선생님이 말씀하시는데 민망하더라고요. 형제간에 싸우지 않았어요. 싸우는 일 절대 없어요. 작은 애가 형을 때렸지 형은 작은 애를 때리지 않았어요. 내가 때리라고 손을 잡아줘도 어떻게 때리느냐며 못 때리더라고요. 누가 더 착했다기보다는 동생을 많이 아낀 것 같아요.

| 두 분은 어떤 부모님이셨어요? |

잘 한다고는 했는데 애들 맘에는 어땠는지 모르죠. 아이들 어렸을 때는 우리도 젊었으니까 막노동을 해도 힘든 줄 모르고 일하면서 애들 키우고 살았죠. 그런데 집이 어려워지며 나이 먹어서 동생네 집에 얹혀살면서 일할 때, 스트레스가 엄청났거든요. 이루 말할 수 없었어요. 손아래 동서에게 받는 스트레스를 다 참으면서도 애들과 먹고살아야

하니까, 남편이 그걸 다 이겨내는 걸 볼 때는 참 안타까웠죠. 그런 아빠죠.

| 두 분의 부모님은 어떤 분이셨어요? |

한정혜 우리 애들은 친할아버지를 못 봤어요. 외할아버지도 못 봤고요. 초등학교, 중학교 때 외할머니가 밥해주고 같이 다독거려주며 그렇게 키웠는데. 참 인자하시고 좋은 분이었어요. 사랑할 줄도 알고, 필요하면 단호할 줄도 아는 그런 분요.

신희목 저는 아버지에 대해선 잘 몰라요. 일찍 돌아가셨어요. 제가 뱃속에 있을 때죠. 어머니는 연세가 드시며 저하고 계속 사셨어요. 형들이 있는데도 저와 사시다 제가 결혼하니 우리 애들과도 같이 살았어요. 애들이 할머니를 굉장히 좋아했지요.

한정혜 우리 시어머니 불쌍한 분이세요. 남편이 8개월 유복자라고 하더라고요. 남편이 세상에 나오기도 전에 아버지가 돌아가셨으니까. 딸 둘, 아들 셋을 어머니 혼자 키워야 하잖아요. 제가 시집가서 보니까 시어머니 손이 앙상하더라고요. 고생을 많이 하셔서. 그래도 큰아들 집에 안 가시고 저희와 살겠다고 하셔서 계속 저희와 살았어요. 항상 부지런하셨어요. 늘 새벽이면 나가시고 봄 되면 나물을 해 오셨어요. 그걸 삶는다고 부엌에서 불을 때면 애들이 불가에 쪼그려 앉아서 할머니와 같이 이런저런 얘기도 나누고요. 우리 애들은 아마 그런 기억을 못 하겠지만 저는 봤으니까 기억에 남아요. 저와 남편이 일하러 가면 시어머니께서 애들을 봐주셨어요. 성격은 좀 괄괄했어도 애들한테는 자상했고 열심히 사신 분이었죠. 어머니는 시골 분이고 저는 도시에서 살았으니 서로 안 맞는 거예요. 서로 불같은 성격은 비슷하니까 맨날 싸웠어요. "어머니, 이건 안돼요!"하면, "왜 안 돼?" 그러시고. 맨날 다퉜어요. 그러면서 정이 더 깊어져서 시어머니 편찮으실 때 너무 안쓰러웠어요.

신희목 제가 솔직히 말하면 아내보다 장모님 보고 결혼한다고 했어요. 장모님이 정말 좋으셨거든요.

| 인생에서 가장 고되고 어려웠던 시절 |

신희목 우리 애들이 대학 다닐 때 하나는 군에 갔을 때, 당시 아내가 몸이 안 좋았어요. 저도 그전에는 개인 사업을 하다가 잘 풀리지 않아서 갑자기 직장 생활을 하게 됐는데 애들 학교 보낼 능력도 안 되고, 굉장히 힘들었어요.

한정혜 저는 그때 죽고 싶었죠. 돈이 없어 힘들다는 것보다 몸이 너무 아프니까. 도대체 얼마만큼 아파야 사람이 죽는가 싶고. 정말 그냥 딱 죽었으면 좋겠더라고요. 배변 주머니를 차면 다른 사람처럼 화장실

가서 변을 못 보고 배에 연결된 호스로 배설해야 하는데 음식을 먹으면 금방 표가 나요. 내가 굳이 이렇게까지 살아야 할까 이런 생각도 했는데 아직 작은 아이가 결혼도 안 했고 아빠 혼자는 아이들 건사 못 할 텐데 싶은 걱정도 됐어요. 그렇게 수술하고 배변 주머니를 차면 이혼하는 부부가 많대요. 몸에 장애가 생기면 여자는 남편을 다 받아주지만, 남자들은 아내를 못 받아준다고 하더라고요. 이혼율이 높다는 이야기를 듣고 신랑한테 다짐을 받았죠. "수술해도 되겠냐?" "해라. 괜찮다." 사람이 살아야 하니까요. 그래서 수술은 했지만 몇 년 참 힘들었어요. 마음이 안 잡혀서요. 몇 년 지나고 나니까 이것도 적응되더라고요. 지금은 그런 생각 없고 그냥 좋아요.

| 큰아들이 갑자기 신학을 한다고 했을 때 |

어릴 적에는 경찰 대학을 가려고 했는데, 이웃에 전교 1등 하던 애가 경찰대 시험을 봐서 떨어졌다는 이야기를 듣고 그만 포기하더라고요. 그런데 그건 핑계였을 것 같아요. 고등학교 때부터 기독교 학교 다니면서 신앙생활에 빠진 거죠. 신학 대학 간다는 걸 처음에 엄청나게 많이 반대했어요. 아버지가 안 본다고도 했어요. 그런데 제가 아이 아빠에게 말했죠. "한번 돌아봐라. 자기들끼리 타지에 놔둬도 사고치고 학교에서 부모 오란 적이 한 번 있느냐, 누굴 때린 적 있느냐, 말썽부린 적 있느냐. 얼마나 다행이냐. 예수 믿어서 다 그런거 아니겠냐. 이렇게 된 거 자기가 가는 길을 가게 해줘라." 그렇게 설득해서 네 맘대로 해라 이렇게 된 거죠. 그 대신 엄마, 아빠한테 교회 가라는 소리는 하지 마라 그랬는데, 우리도 여기 개척 교회에 와 있어요.

아들이 신학 대학 다니면서 고생을 너무 많이 했어요. 사업 실패하고 IMF, 다들 어려울 때였죠. 큰아들이 학업을 중단하고 아르바이트 안 해본 게 없는 것 같아요. 다 해봤다고 하더라고요. 그러니 고생을 얼마나 했겠어요. 아버지는 신용불량자가 돼서 아무것도 못 했어요. 어디 가서 일하면 압류가 들어오니까요. 그래서 많이 힘들었죠. 그래도 자기가 알아서 열심히 잘하더라고요.

| 두 분, 처음 만났을 때 |

신희목 누나네 집에서 만났어요. 당시 제가 서울 성수동 극장에서 근무했는데 누나와 같이 있었거든요. 소개해서 만나게 된 거죠.

한정혜 남편이 극장 영사실에 있으니까 심심하면 극장에 가고 그러다 보니 친해진 거죠. 남편 이름 팔고 극장 들어가고 그러다가 이렇게 됐어요.

| 어린 아들 둘을 대전으로 유학 보내셨어요 |

한정혜 우리가 막노동했어요. 페인트칠하고 그랬으니까, 여기 데리고 있어 봐야 그것밖에 더하겠나 싶었지요. 제 생각에 도시로 내보내면

공무원이라도 할 거고, 뭐라도 해서 회사원이라도 되지 않을까 하고 내보냈는데 아빠 생각은 어땠는지 모르겠어요.

신희목 시골에서 공부하는 것보다 도시에 가서 공부하면 낫겠지, 그래야 희망도 있고. 그런 생각을 했죠. 많이 보고 싶었어요. 외할머니랑 외삼촌 아이들도 같이 살았는데, 그래도 사촌이라고 잘 어울려 지내더라고요. 보고싶다는 말도 않고.

| 신앙인이 된 지금의 모습, 상상이나 해보셨을까요? |

신희목 상상도 못 했죠. 어릴 적 우리 이모님 댁이 굉장히 신앙이 좋았어요. 저한테 교회 가자고 그렇게 꼬셨는데도 한 번을 안 갔어요. 어쩌다 어릴 때 교회에 한 번 가게 됐는데, 교회 가서 신발을 잃어버리고 왔어요. 그 후로 교회를 싫어했어요.

한정혜 경찰 간부 엄마가 된다는 생각만 하고 "우리 아들이 앞으로 잘 돼서 나도 편하게 잘 살 거야" 이런 생각만 하고 살았죠. 내 맘대로 되는 건 아니더라고요. 다 같이 신앙생활 하고 있는 지금도 나쁘진 않아요. 좋아요.

| 개척 교회를 섬기고 있으세요. 어떠세요? |

한정혜 서울에서 처음 신앙생활 할 때, 거기도 개척 교회인데 금방 부흥해서 큰 교회가 되더라고요. 근데 큰 교회를 별로 원치 않아요. 지금 교회가 작아도 우리 부부를 위해 기도를 많이 해주실 수 있잖아요. 저한테 조금이라도 신경을 더 써주시잖아요.

신희목 저도 큰 교회보다는 작은 교회가 좋아요. 우리 신(아들) 목사가 개척해서 우리가 작은 교회에 있는 것이 더 의미 있는 것 같고요.

| 가족들에게 해주고 싶은 말씀 있으세요? |

한정혜 여태까지 고생만 하고 살았는데 앞으로 이제 행복하게 살아야죠. 고맙고, 고마워요. 아프지 말고 건강하게 잘 삽시다. 우리가 아프면 새끼들이 고생해. 우리 아들, 며느리, 손자 앞으로 행복하게 살자. 화이팅!

신희목 사랑하는 아들들 지금처럼, 지금까지 해온 것처럼 형제간 우애 있고 서로 위해주면서 행복하게 살아. 엄마 아빠도 사는 날까지 건강하게 살려고 노력할게. 사랑해.

YouTube
〈좋은 인터뷰〉 신희목 한정혜 편 보기

김민철 정신의학과 원장

| 전공 선택의 이유를 듣고 싶습니다 |

정신과 의사이며 개인 의원 원장을 하고 또 옆에 보면 심리 치료 연구소가 있는데, 그 연구소 소장을 맡고 있습니다. 제가 이 땅에 태어난 모습으로 가장 잘할 수 있는 게 뭘까를 생각하니까 정신과더라고요. 처음에는 안과에서 저를 좋게 보셔서 그쪽을 잠깐 생각했습니다. 그때 안과가 되게 인기 많았거든요. 정신과는 돈 안 된다고 인기가 없었고요. '안과를 평생 해?' 이렇게 생각해 보니, 안 될 것 같더라고요. 굉장히 매력적이고 좋은 과인데 제게는 안 맞는다는 생각이 들면서 바

로 정신과로 지원했습니다. 제 적성을 생각해 보니 마음을 다루는 게 맞겠다 싶어서 정신과로 정했고, 그 뒤로 한 번도 후회해 본 적이 없으니 아주 감사하죠.

| 기억에 남는 환자가 있을까요? |

너무 오랜 세월 트라우마를 겪은 분이 있었어요. 예수님을 믿었지만, 삶에 소망이 없는 상태였죠. 흔히 말하는 외상 후 스트레스 장애인데, 외상이 너무 심했어요. 정신과적으로 그런 분은 치료되기 너무 어려운데, 같이 40여 분 기도하면서 이분의 내면이 크게 회복된 거예요. 제가 볼 때는 기적이었죠. 말씀이 무의식에 임하면서 쓴 뿌리들이 정말 눈에 띄게 사라지는 경험을 했던 그분이 기억에 남습니다. 쉽지 않은 시기를 보내다가 하나님의 터치를 경험하고 오히려 간증하고 다니는 그런 경우가 굉장히 기억에 남습니다.

또 한 분은 너무 상처가 많아서 진료 중에 공격적인 모습이 나타나는 거예요. 그러면 진료가 힘든데 그때 하나님께서 깨닫게 하신 것이 지금 그 모습 그대로를 인정하라는 것과 그 모습을 하나님께서 예쁘게 보신다는 사실이었어요. 그 마음을 그대로 나눴더니 그분이 그 말을 통해 하나님의 은혜를 경험하게 된 거죠. 이런 일들은 제가 한 게 아니라 하나님께서 인사이트를 주시고 그런 마음을 주셔서 저는 그저 나누고 같이 기도했을 뿐인데, 하나님께서 환자들에게 회복을 허락

하신 거예요. 그런 사례들이 꽤 많아서 많이 행복했어요.

| 사람을 만날 때 습관적으로 분석을? |

보통, 진료 외에는 그런 생각을 안 합니다. 그런데 안 하려 해도 그렇게 될 때가 있어요. 제가 지금 목사님과 이야기할 때는 분석하지 않거든요. 그냥 대화 주제에 맞춰서 편안하게 넘어갑니다. 가끔 대화 중에 상담이나 분석을 원하는 분들이 계세요. 일상적인 만남에서는 하기 싫거든요. 나도 모르게 억지로 분석이 되고 그러진 않는 것 같습니다.

| 학업과 신앙, 갈등은 없으셨어요? |

의대생들이 일주일에 7일을 공부하잖아요. 보통은 주말에도 공부, 주중에도 공부. 그런데 저는 20대 때 성령 받으니까 막 뜨거워서 금요일, 토요일, 주일 이렇게 일주일 중 3일을 교회에서 살았죠. 사람들이 저 보고 다 이상하게 생각했어요. 일주일에 8일을 공부해도 시원치 않을 판에 쟤는 대체 무슨 배짱으로 저러나 싶었던 거죠. 의대 갔을 때 공부 무지하게 못 했어요. 재시험이 뜰 정도로요. 이런 말 하면 다들 또 "에이~" 그러시는데 머리가 안 좋아서 공부를 못했던 건 사실이에요. 그런데 어느 때부터인가, 변함없이 주중 3일을 교회에서 살다시피 하는데도 성적이 나오니까 친구들이 일단 너무 놀랐고, 공부 안 하고 교회 간다고 받던 비난이 멈추게 됐죠. 그때 통쾌했어요. 진짜 하나님이 하신 거죠.

많은 분이 '정신과'에 조금 인본주의적인 인상을 가지고 있어요. 일부 맞다고는 생각합니다. 저는 감사하게도 중학교 때 예수님을 만나면서 신앙이 견고해지는 은혜를 받았어요. 그래서 정신과 공부를 할 때도 성경과 위배된다는 생각이 들어도 열심히 공부했어요. 왜냐하면, 나중에 통합하면 되니까요. 그렇게 꾸준히 공부해서 정신의학과 전문의가 됐고, 제가 믿어 왔던 성경을 같이 비추어 볼 수 있었는데, 이게 너무 딱딱 맞아떨어져요. 오히려, 인본주의적인 심리학은 타락 이후의 인간상을 말해주는 것일 수도 있잖아요. 죄에 인간이 어떻게 무너지는지를 설명해 준 것으로 보기에는 프로이트의 학문이 참 유용하거든요. 어떻게 쓰느냐에 따라 이 학문이 하나님 나라에 기여할 수도 있겠다는 생각이 드니까 더 열심히 연구하게 됐고 통합적 관점을 가지게 되었죠. 이 또한 은혜입니다. 그래서 저는 정신 의학을 말씀으로 풀어내는 게 너무 재밌고 그것이 목표이기도 해서 학문하면서 흔들렸다기보다 오히려 풍성함을 경험했습니다.

| 저작, 《우울한 마음을 안아드립니다》 |

대한기독정신과의사회가 있습니다. 이 모임은 오래됐어요. 부산 지부가 생긴 것은 5년 조금 넘었습니다. 처음엔 네 명이 모여 매달 한 번씩 삶과 비전을 나누어 왔는데, 지금 모이는 여덟 명의 그리스도인 정신과 의사들에게 꿈을 주시고 협력할 사역을 하나님께서 보여주셨어요. 전문성을 살려서 서로 돕는 역할을 하면 좋겠다던 차에 한 분이 책을 쓰자는 말씀을 하셨고 그렇게 나온 책이《우울한 마음을 안아드립니다》입니다. 많은 사람과 함께 기쁨을 누리고 하나님의 품을 경험하자는 헌신의 생각으로 만들어진 책입니다.

| '마음과 믿음', 마음 치료가 필요한 그리스도인에게 |

책의 화두 중 하나이기도 합니다. '예수 믿는 사람이 우울하면 안 되느냐? 괜찮다.' 엘리야가 엄청 심한 우울증이었거든요. 하나님은 엘리야의 우울증을 치료하기보다는, 그럼에도 불구하고 큰 선지자로 쓰시잖아요. 보통은 우울증 있는 것을 신앙이 약한 증거로만 봐요. 그렇게 보는 것은 성숙하지 못한 관점입니다. 사람의 마음이라는 게, 죄짓기 전에는 완벽하고 생명으로 충만했지만, 에덴을 상실한 이후에는 상처받기 쉬운 마음이 되었거든요. 거짓에 속기 쉽고, 트라우마에 아파하는 마음이 취약해졌다고 생각합니다. 엘리야도 그렇고, 바울도 그렇고 수많은 영적 거장들도 이 땅에서 우울증을 겪은 것으로 보이거든요.

그렇게 생각하면, 아무리 신앙이 좋다 해도 이런저런 마음의 어려움 없이 살아가는 그리스도인은 만나기가 어려운 거예요. 그런 분을 본 적도 없고요. 동료 의사는 오히려 교회 다니는 사람이 더 우울해 보인다고 해요. 그 이유는 성도에게는 듣는 기준이 있다 보니 자꾸 말씀에 비추어서 잘 살지 못하는 자신을 보고 쉽게 열등감을 느끼거나 자책하기 때문이라고 얘기해요. 그렇지 않다는 말씀을 꼭 해드리고 싶어요. 정신과 진료가 필요하다면 예수 안 믿는 정신과 의사라도 만나보시길 권합니다. 우리 몸은 예수를 믿어도 땅에 속해 있어서 아플 수 있고 우울해질 수 있어요. 그 아픈 마음을 정신과에서 치료받으시면 좋겠습니다. 그리고 육체에 끌려서 힘들어지는 정신적인 문제를 너무 영적으로만 해결하지 않았으면 좋겠습니다. 병원에서 진단을 받고 알맞은 약을 먹으며 몸을 치료하는 것이 지혜롭듯이 정신과도 마찬가지입니다.

정신과 치료를 불신앙으로 보는 것은 너무 편협한 시각일 수밖에 없어요. 제게 목사님들도 많이 찾아오세요. 약이 우리를 거룩하게 해주는 건 아니지만 우리 몸을 좀 더 안정적으로 만들어서 신앙생활 잘할 수 있도록 도와주는 것은 분명합니다. 약은 잘만 쓰면 정말 '약'입니다. 너무 '믿음, 믿음' 하면서 병원에 안 오시거나 기도원 가시거나 그러지 말고 전문가와 함께 하시면 마음의 어려움을 잘 이겨낼 수 있지 않겠나 싶습니다.

YouTube
〈좋은 인터뷰〉 김민철 편 보기

서울삼성내과의원 원장

| 내과를 선택한 이유가 있을까요? |

부산 기장에 있는, 서울삼성내과의원 원장으로 일하고 있어요. 내과가 차지하는 부분이 엄청 많아요. 그만큼 공부할 게 많고 그래서 더 매력 있더라고요. 학생 때 내과가 되게 멋있어 보였거든요. 인턴 실습 돌면서 보니, 내과 선생님들은 포스가 달라요. 의사들은 '바이탈을 잡는다'는 표현을 해요. 환자가 혈압이 떨어지고 숨이 차면서 넘어가는 상황에서 CPR(심폐소생술)을 하고 인공호흡기를 꼽고 환자를 살리는 것을 '바이탈을 잡는다'고 표현하거든요. 그런데 그걸 할 수 있는 과

가 몇 개 없어요. 병원에서는 응급 상황이 생기면 방송을 해서 그것을 알리는데 그때 나타나는 사람들이 내과 의사죠. 우스갯소리지만, 정형외과 선생님들이 수술하다가 혹은 병동에서 환자를 드레싱 하는데 갑자기 환자가 쓰러지거나 심장 마비가 오면 이렇게 말한대요. "야! 뭐 해! 의사 불러!"

| 내과를 선택하고 가장 어려운 부분은? |

내과는 '끝까지 책임지는 과'라고 불러요. 그래서 시작했는데, 그게 제일 힘들어요. 제일 부담스러운 게 '책임져라', '함께 늙는 거야', '우리 가족을 맡긴다' 이런 말을 듣는 거잖아요. 저도 사람이니까 부담이 돼요. 열심히 검진은 하는데, 그 목적은 암이 안 생기게 하는 건 아니거든요. 위험한 병들을 조기에 발견하고 치료해서 더 나빠지는 걸 막는 게 검진의 목적인데 많은 환자분이 "일 년마다 내시경을 했는데 왜 암이 생겼어요?" 이렇게 얘기하시거든요. 그리고 종종 겪는 당황스러운 일은, 갑자기 가족 이야기하실 때가 있는데 의사가 환자의 아버지, 아내, 아들의 이름까지 다 기억하지는 못하거든요. 다 기억하길 바라시지만 그럴 수가 없어요. 동네 내과 의사에게는 그런 고충이 있습니다.

| 가장 기억나는 환자가 있다면? |

의사는 살렸던 환자는 잘 기억 못 해요. 영상 의학과 교수님이 한 시술이 조금 잘못돼서 환자가 소변을 못 보고 갑자기 신장 기능이 확 떨어지면서 신부전을 앓게 된 경우가 있었어요. 시술이 잘 안 됐는데 밤새 잘 살펴야 될 것 같다고. 그러면 결국 그게 레지던트 몫이에요. 연세 많은 60대 교수님께서 밤새 같이 계실 수는 없거든요. 밤 8시쯤까지 같이 계시다가 어깨를 툭툭 치시고는 "잘 부탁하네" 하고 가시면 그때부터는 저와 그 환자의 싸움인 거지요. 중환자실에서 소변이 나오나 안 나오나 지켜보며 계속 피검사를 하는데 밤새 안 나오던 소변이 다음날 새벽 대여섯 시 즈음 갑자기 똑똑똑 떨어지는 거예요. 눈물이 났어요. "살았다!" "나, 내일 집에 갈 수 있다!" 그 환자에게 상태를 설명해야 하는 상황 속에서도 다음 일정, 학회 발표 생각이 가득했어요. 환자가 호전된 그 모든 영광은 교수님께 드리고, 밤샌 저는 떡진 머리를 하고 학회에 발표하러 가는 거죠.

장에 암이 많이 퍼졌던 환자가 있었어요. 계속 금식하면서 수액으로 버티고 있는 분이었는데, 회진 갈 때마다 "아버님, 괜찮으세요?" 인사를 건네면 계속 같은 얘기를 하시는 거예요. "선생님, 나 소주 한 모금만 주면 안 돼? 나 진짜 소주 한 모금만 먹고 싶어." 그러면 저도 갈 때마다 "안 돼요, 아버님. 지금 아버님 몸에 드시면 패혈증 와요"라며 거절했죠. "진짜 소원이야. 나 소주 한 모금만 줘." 이렇게 대화가 반복되었는데 그렇게 한 달 쫄쫄 굶으시고 수액만 맞다 돌아가셨거든요. 그때 좀 마음이 아프더라고요. 그냥 소주 한 모금 드릴 걸 그랬나 싶고요. 웹툰 〈내과 박원장〉에도 나오잖아요, 비슷한 얘기가. 거기선 떡볶이였나요? 그 심정 이해가 가거든요.

| 신앙의 지각변동이 가장 컸던 지점 |

모태 신앙으로 자랐고, 의과 대학, 의전원 공부할 때도 한국누가회(CMF) 친구들과 매일 같이 기도할 정도로 열심이 있었어요. 그런데 인턴 들어가면서 주일 성수를 온전히 할 수 없는 상황, 큐티할 시간조차 없는 그런 상황이 되니까 제가 무너지더라고요. 하나님 안 믿고 그런 정도는 아니었지만, 신앙적으로 너무 피폐해졌었어요. 신앙 공동체가 없었던 게 큰 몫을 한 것 같아요. 힘들 때 같이 기도해 달라고 요청할 수 있는 친구들이 없었어요. 그런데 그때는 다 힘들었던 거예요. 나도 친구들도 같은 인턴이었으니까요. 그들도 밥 못 먹고, 잠 못 자고, 교회도 못 가고, 기도 제목 나누면서 서로 기도해 줄 시간이 없으니까 인턴이나 레지던트쯤에서 이렇게 신앙의 바닥을 치는구나 싶었죠. 의료진과 다른 환자들을 괴롭히는 아주 못된 환자들이 간혹 있어요. 이기적인 환자인데 성경책을 읽고 있는 모습을 보면 그게 너무 싫은 거예요. 자기는 누릴 거 다 누리면서 다른 사람에게는 피해를 주고, 퇴원해야 하는데 안 할 거라고 버티면서 교수님께 성질부려놓고. 가 보면 성경책 보고 있고….

| 신앙 있는 의료인으로서 지니는 부담이 있을까요? |

늘 부담스러워요. 제 이름이 '찬미'라서 듣는 순간 교회 다니는 분들은 다 아시니까 첫마디가 그거거든요. "어머! 선생님, 어느 교회 다니세요?" 크리스천 의사니까 예수님처럼 나를 더 섬기고 잘 봐주실 거란 믿음이 그들에게 없지 않아 있어요. 저도 사람인지라 환자가 40명씩 밀려있는데 앉아서 교회 얘기하고 신앙 얘기하면 너무 부담스럽거든요. 증상 설명과 약 처방이 끝났는데도 계속 본인 이야기를 하면 적당히 끊어야 하는데 제가 그걸 잘 못해요. '도와주세요'하며 밖에 있는 우리 선생님들께 메신저로 도움을 구하면 그분들이 문 열고 "어머니! 처방전 나왔어요!", "어머니! 주사실로 모실게요!" 해주시죠. 쉽지 않아요.

출퇴근하면서 날마다 기도하거든요. "하나님, 오늘은 제가 환자들의 질병을 놓치지 않게 해주시고 제가 쓰는 약들이 환자들에게 잘 맞아서 치료되게 해주시고, 제가 가진 의학 지식으로 치료하지만 예수님이 고쳐주세요. 제발!"

| 지역에서 어떤 의사로 알려지고 싶으세요? |

"저 선생님은 진짜 꼼꼼하게 잘 봐준다." 이런 말 듣고 싶어요. 환자를 설렁설렁 보고 싶지 않아요. 환자 한 명 한 명 볼 때마다 에너지를 많이 쏟거든요. 친절, 이런 거는 누구나 할 수 있지만 환자를 꼼꼼하게

안 놓치고 보는 건 쉽지 않거든요. 조금만 에너지를 빼버려도 놓치기 쉬워요. 쉽게 그냥, "예. 괜찮습니다"하고 지나갈 수도 있는 건데 안 놓치려고 하다 보면 과민하고 예민한 상태에서 환자를 봐야 해요. 그래도 아직은 그러고 싶어요. '저 선생님 진짜 꼼꼼하게 잘 봐주신다.' 그런 내과 의사로 알려지면 좋겠어요.

| 품고 있는 기도 제목 있을까요? |

우리 직원 선생님들과 예배드리며 아침을 시작하는 병원이 되고 싶어요. 직원 중에 크리스천도 있고 아닌 분들도 있는데, 기도할 때마다 직원 선생님들이 예수님을 만나게 해주시고, 크리스천으로서 좋은 영향력이 그들에게 흘러가서 우리 선생님들도 구원받았으면 좋겠다고 아뢰고 있어요. 아침에 같이 기도하고 예배하는 병원이 되면 좋겠어요. 그리고 또 하나 기도하는 것이 있어요. 병원을 찾는 환자와 보호자 모두가 예수님을 믿어 나중에 천국에서 만날 수 있으면 좋겠어요. 크리스천 의사로서 바람입니다.

최근에 제 건강이 안 좋았어요. 환자 볼 때도, 공부할 때도 밥을 못 먹고 계속 책만 보는 타입이라 몸이 많이 망가졌는데, 어떤 중년 환자분이 피부가 다 뒤집어진 저를 보고 "선생님, 손이 왜 그래요?" 이러시는 거예요. "최근 코로나 때문에 하루에 200명씩 환자를 보느라 몸이 안 좋아져서 갑자기 피부가 뒤집어졌어요"라고 답을 드렸더니, 그분이 너무 걱정하시면서 "안 돼요! 선생님이 아프면 안 돼! 선생님이 아프면 누가 나를 봐줘? 아프지 마!" 이러시더라고요. 내가 아프면 안 되겠구나 하는 생각이 들어서 지금은 건강을 위해 더 노력하고 있습니다.

YouTube
〈좋은 인터뷰〉 허찬미 편 보기

예루살렘 투어스 대표 이사

| 이스라엘에 처음 가게 된 계기 |

저는 '예루살렘 투어스' 대표 이사입니다. 성지를 안내하는 성지 순례 전문가라고 보시면 됩니다. 지인께서 이스라엘 가이드 길이 있는데 한번 해보는 게 어떨겠냐고 추천해 주셔서 이스라엘에 가게 됐고요. 당시에는 별 정보가 없었지만, 신앙인이었기 때문에 한번 도전해 볼 만하다고 생각했습니다. 그래서 미지의 세계를 가는 것처럼 그렇게 가게 되었습니다. 전공은 그 일과 크게 상관이 없었지만, 무엇보다 성경 속 땅에 대한 호기심과 갈망도 있었고요. 사실 보통 사람이 평생

이스라엘 갈 일이 없잖아요. 그런데 기회가 있다고 하니까 결단을 하게 된 거죠.

| 이스라엘에서 20년, 계획이 있으셨을까요? |

그렇게까지 오래 있으리라고는 생각하지 못했어요. 그렇지만 한 해, 한 해 넘어가면서 하나님께서 주시는 은혜가 있었기 때문에 그런 시간을 보낼 수 있었죠. 잘 알려진 말처럼 집 떠나면 고생이잖아요. 정말 고생길이었지만 그래도 '복음의 땅이고 주님이 머무셨던 곳이니까'라는 생각으로 넉넉하게 견딜 수 있었습니다.

한국의 가족이나 지인들은 이스라엘에 대한 소식을 뉴스나 미디어를 통해 듣잖아요. 테러나 전쟁 관련된 뉴스만 접하니까 늘 불안하신 거예요. 예전에 인터넷도 없고 전화만 되던 시절에는 특히 더 불안해하셨고요. 국제 전화가 분당 이천 원, 삼천 원 하던 시기에는 전화도 잘 하지 못하니까 더 어려운 부분이 있었죠. 그 지역이 변수가 많은 땅이기는 합니다. 그래도 성지 순례 오시는 분들에게 제 역할이 필요하니까 지금까지 있게 된 겁니다.

다른 데도 많은데 왜 굳이 그곳, 총탄 날아드는 그런 곳에 꼭 가야 하느냐고 말씀들 하시는데, 저도 처음에는 정보가 많이 없어서 두렵기도 했습니다. 이스라엘에 갈 때 에피소드가 하나 있었어요. 혹시라도 저의 어떤 정치적인 성향이 드러나거나 하면 곤란할 것 같더라고요. 미국 국기가 있는 모자나 USA라고 쓰여 있는 옷을 입으면 테러를 당할까 봐, 그런 거는 일부러 다 빼고 갔던 기억이 있어요. 그런데 막상 가보니까 사람 사는 데는 다 비슷하더라고요. 제가 너무 이스라엘에 대한 정보가 없었구나 싶었죠.

| 성지 순례(여행), 여기는 꼭! |

가장 추천해 드리는 곳은 유대 광야예요. 유대 광야는 거리상으로도 예루살렘에서 멀지가 않은 곳이기도 하고 우리가 성경에서 글로만 보았던 것을 실제로 체험할 수 있는 아주 좋은 곳이니까요. 그곳을 꼭 가셔서 최소한 20~30분 이상의 시간을 갖고 묵상하며 기도할 수 있는 시간을 가지시면 좋겠습니다. 그리고 또 하나, 예루살렘에 있는 십자가의 길을 충분한 시간을 갖고 걸으시라 권해 드리고 싶어요. 예수님이 십자가를 지고 걸으셨던 길을 직접 걸어보는 거죠.

| 광야 체험 이야기를 조금 나눠주세요. |

추운 데도 있고 아닌 곳도 있는데, 날씨에 따라서 좀 변수가 많이 있어요. 오십 명 이상씩 그냥 텐트에서 주무시면서 하는 불편한 광야 체험도 있고, 호텔처럼 만들어진 곳에서 주무시는 체험도 가능합니다. 그런데 날씨가 변수예요. 이스라엘 같은 경우는 우기인 1, 2월에는 텐트에서 주무시기에 상당히 어려운 부분이 있기는 하죠.

에피소드 하나는 광야 체험하기로 한 목사님들이 오셨는데, 우기에 텐트에서 주무시고 싶어 하셨어요. 방갈로 같은 좋은 곳은 비싸니까요. 저는 이미 정보가 있어서 "정말 힘드실 텐데요" 그랬더니 갈 수 있다고, 할 수 있다고 하시더라고요. 쉽지 않을 거라고 몇 번을 말씀드리며 말렸는데 결국 밤 12시에 전화가 온 거예요. 광야는 휴대 전화가 잘 터지지 않거든요. 간신히 전화되는 곳에 가서, 너무 춥다고 전화를 주셨죠. 어떻게 보면 체험으로는 아주 좋지만, 준비가 많이 필요합니다. 결국, 그분들은 일찍 나오셨어요.

| 기억에 남는 일이 있을까요? |

좋은 기억도 있지만 사건, 사고 같은 것이 많아요. 오래전에 출애굽기 순례를 진행했습니다. 어느 부부가 오셨는데 공무원이셨다는 남편분이 시내산을 올라가시다가 돌아가셨어요. 그곳이 워낙 높아서 심장마비로 돌아가시는 분도 있거든요. 결국 부인 되신 분은 일정을 이어가지 못하셨고, 다른 분들은 충격을 받은 채로 성지 순례를 이어가셨어요. 한쪽에서는 순례를 이어가야 하고, 다른 한쪽에서는 장례를 준비하며 여정을 마무리했던 기억이 있습니다.

시내산 정상은 2,200m고요, 보통 순례객들은 1,700m부터 2,200m까지 약 500m 정도 올라갑니다. 편도로는 3시간 정도 걸리죠. 아무래도 고산 지대로 올라가는 거니까 쉽지 않은 코스이기도 해요. 개인의 건강 상태 편차가 크기 때문에 시내산은 남들이 간다고 해서 쉽게 갈 수 있다고 생각하면 안 됩니다. 본인의 상태를 잘 고려해서 가야 하는 그런 코스이기도 해요. 순례라는 것이 가고자 하는 의지만 있으면 되는 게 아니라 최소 6개월에서 1년 이상의 체력적인 준비가 필요합니다. 하루에 최소 만 보 이상을 걸으면서 체력을 올리셔야 해요. 그래서 2~3년을 잡고 기도와 말씀 묵상으로 영을 채우시고 체력도 함께 끌어올리는 준비를 하셔야 합니다. 하지만 아주 어렵지만은 않은 것이 95세 이상 된 분도 걸어서 시내산을 오르셨어요.

성지 순례를 건강한 분만 오시는 건 아닙니다. 내가 몸이 불편하고 힘들더라도 호흡이 있을 때 주님의 땅, 복음의 땅을 밟기 원하시는 분들이 오세요. 한 권사님은 췌장암 말기 판정을 받으셔서 살날이 3개월뿐 남지 않았지만, 무엇보다도 가족과 함께 주님의 땅을 밟는 것이 중요하다고 생각하셔서 열흘 일정을 잡고 오시기도 했어요. 나중에 주님 품으로 부름 받으셨지만, 그런 분에게는 성지에서의 하루가 우리가 생각하는 것보다 더 소중했겠구나 싶은 생각이 들었습니다. 돌아가신 권사님께서도 동일한 고백을 하셨다고 합니다.

| 코로나 기간, 어떻게 견디셨을까요? |

저희도 코로나라고 하는 아주 큰 변수를 만났죠. 모든 여행사와 마찬가지로 어떤 활동도 할 수가 없었던 시기고 이동도 제한되어 있었어요. 그런데 그 기간이 오히려 성지 순례를 준비할 기회라 생각하고 성지에 관련된 자료들을 준비했어요. 특히 드론 촬영을 통해 영상을 확보하는 데 중점을 뒀지요. 그런 것을 차곡차곡 모아서 더 많은 분에게 성지를 소개하고 더 철저히 준비해 오실 수 있도록 제공하고 있습니다. 유튜브 〈성지 순례 TV〉라는 채널을 통해 성지 순례에 관한 도움을 얻으시기 바랍니다.

| 앞으로 계획과 바람이 있으시다면? |

예수님을 따르는 사람들이 최소한 한 번 이상은 성지 순례를 다녀가실 수 있도록 역할을 감당하는 것이 우리 회사의 기도 제목입니다. 순례를 통해서 순례객 모두의 신앙과 순종이 한 단계 성장할 수 있도록 기도하며 준비하고 있습니다. 성지 순례를 더 많은 분이 가실 수 있도록 방향을 제시하고 은혜를 충분히 누릴 수 있도록 하는 것이 〈예루살렘 투어스〉의 목표입니다.

YouTube
〈좋은 인터뷰〉 이철규 편 보기

제 4 부

도전하며 살아내기

독서 전문가, 인문학 강사
《위대한 독서의 힘》 저자

| 체육을 전공하셨어요 |

중학교에 다닐 때는 육상 선수를 했었고 고등학교에 다닐 때는 태권도 선수들과 친했습니다. 친한 친구들이 체육과에 시험을 봐서 같이 응시했는데 대학에 저만 합격했어요. 3대째 기독교 집안에서 모태 신앙으로 신앙생활을 했지만, 신앙심이 깊지는 않았습니다. 교회를 잘 다닌 기억이 별로 없고 삶이 좀 거칠었어요. 체육과에 가서 물 만난 물고기처럼 정말 방황을 많이 했어요. 공차고 막걸리 마시고 맞고 때리고... 그런 일상이 저와 너무 잘 맞았어요. 3학년 때 체육과 학회장

을 했어요. 체육과 행사를 하면 예산이 50만 원이면 충분했어요. 하지만 당시 후원금이 500만 원 정도, 지금으로 보면 2,000~3,000만 원 정도 후원이 들어왔죠. 행사를 하면서 2,000~3,000만 원 정도를 마음대로 썼어요. 세상 무서운 줄 모르고 살았었죠.

| 불명예 전역, 교도소, 그리고 성경 |

군대에서 폭력 사고로 불명예 전역을 했습니다. 전역을 하고 군산에서 선후배와 다시 어울리다 폭력으로 교도소에 가게 되었습니다. 그곳에서 한글을 잘 모르는 분이 성경을 알려달라고 부탁하더라고요. 시편 23편… 사실 저도 성경을 잘 몰랐지만 알려주기 위해 성경을 보기 시작했습니다. 시편 23편을 계속 읽으면서 묵상 아닌 묵상을 하게 되었고 결국 하나님을 만났어요. 어느 순간 가슴이 뜨거워졌어요. "여호와는 나의 목자시니, 여호와는 나의 목자시니." 하나님께서 나의 목자시고 나의 아버지라는 것을 깨닫게 되었어요. 어느 순간 마음속에 음성이 들려왔어요. "아들아 내가 너를 사랑한다. 이런 방법이 아니면 너를 부를 수가 없어서 내가 너를 이곳으로 불렀단다." 그때 얼마나 울었는지 몰라요.

하나님께서 세상 무서운 줄 모르고 살았던 저를 변화시키려고 그랬는지 교도소에 한 발 들여놓는 순간 가슴이 철렁 무너져 버렸어요. 옛날에는 누가 건드리면 버럭 하고 화부터 내던 저였는데 갑자기 겁쟁이가 되었어요. 두 달간 한 번의 사고 없이, 반항 없이 웃는 낯으로 지냈어요. 교도소에서 함께 생활하던 사람들과 얘기하는데 이런 말을 하더라고요. "너도 돌아온 탕자 같다. 그러니 기도해라." 그때부터 교도소에서 기도하기 시작했어요. 하나님! 저를 내보내 주시면 주님의 길을 가겠습니다.

| 신학생, 전도사, 목사, 개척 |

개척하기 전까지 10년을 공부했습니다. 10년 동안 성경을 한 달에 한 번씩 읽었어요. 구약을 1번, 신약을 3번 그러니까 10년 동안 구약을 100번, 신약을 300번 이상 읽었어요. 20일 금식을 1번하고 40일 금식을 2번 하면서 성경을 열심히 읽었습니다. 저는 하나님의 강권으로 신학대학원에 진학했고 서울에서 부교역자로 사역했어요. 목사님 연세가 당시 69세였는데 늘 저에게 후임이라고 말씀하셨어요. 개척의 열망이 생겨서 후임 자리를 마다하고 천안으로 내려와서 개척을 했어요. 서울에서 대전에 있는 침례신학대학원까지 통학하다 보면 천안이 중간 지점이어서 늘 천안을 들렀어요. 개척의 열망이 들면서 천안이 마음에 들어왔어요. 10년 동안 금식도 하고 성경도 많이 읽었습니다. 그래서 자신 있게 개척했죠. 그런데 잘 안 됐어요. 완전히 실패했죠.

| 어느 날 인문학 강사로 |

개척에 실패하고 방법을 찾다가 우연히 독서를 알게 됐어요. 독서에 모든 것을 걸고 다시 해보자며 1일 1책을 목표로 책을 읽었어요. 그렇게 100일 동안 100권을 읽으니까 사고의 틀이 조금씩 깨어지는 느낌이 들었어요. 보수적인 신앙의 색채만 가지고 있던 제가 약간 껍질을 벗은 겁니다. 그러면서 사람들이 교회로 오지 않으니 내가 밖으로 나가야겠다고 생각했어요. 그렇게 천안에서 독서 모임을 만들었어요. 처음에는 사람들의 마음을 얻어서 교회로 데려와야겠다는 생각이었죠. 앞에 3년은 목회만 했고, 뒤에 3년은 독서 모임을 병행한 목회였어요. 주일에는 목회하고 평소에는 독서 모임 하면서 사람들과 교제를 했어요.

독서 모임을 하면서 엄청 많이 깨졌어요. 독서 모임 멤버로 대학교수, 교사, 강사 등 이미 많은 책을 읽은 사람들이 모였거든요. 제가 독서 모임을 만들었지만, 강점이 하나도 없어서 그분들에게 깨졌어요. 심지어 저에게는 주선만 하고 인도는 안 했으면 좋겠다는 말까지 하더라고요. 독서 모임을 하면서 3년 동안 1,000권의 책을 읽으니까 사람들이 따르기 시작했어요. 1,000권의 책을 읽으며 좋은 내용을 SNS에 공유하기 시작했어요. 그랬더니 잡지사에서 기고가 들어오고 강의가 들어왔어요. 자연스럽게 강의하기 시작했죠. 관공서, 시의회, 초등학교, 중고등학교, 대학교, 기업, 군부대, 교도소, 소방학교 등 정말 다양한 곳에서 다양한 사람들을 만나고 있습니다.

| 다양한 사람들을 만나면서 기억에 남는 에피소드 |

2010년경에 제주도에 강의 갔었는데 강의 후에 30세 정도 된 자매가 찾아왔어요. 자신의 삶을 이야기하는데, 유년 시절부터 아버지는 교도소에 들락거리고 어머니는 정신 병원에 있어서 돌봐줄 사람이 없었대요. 그래서 우울증이 심해서 한 번 오면 10~15일 정도 아무것도 못하며 지냈다고 했어요. 1,000권의 책을 읽고 나서 특별한 삶으로 전환된 제 이야기를 해줬어요. "책을 읽어보자. 책을 읽고 인생 역전을 해보자. 물리적 거리가 있으니 카톡이나 이메일로 계속 소통하자"라고 제안했죠. 당신도 1일 1책을 해보라고 제안한 거죠. 이분이 1일 2~3책을 읽어 7~8개월 만에 400여 권 정도의 책을 읽어냈어요.

어느 날, 저에게 취직하고 싶다고 이야기하는 거예요. "당신은 400권 정도의 책을 읽어서 사고가 남 다른 사람이 되었다. 직원으로 취직하면 능력을 발휘하기가 어려울 수 있으니 위탁 경영을 할 수 있는 곳을 같이 기도해보자"라고 제안했죠. 마침 좋은 기회가 왔어요. 빵집 사장님이 새로 오픈하게 되는 프랜차이즈 카페의 점장을 맡아달라는 제안이 온 거죠. 시급을 받으면서 아르바이트를 하던 밑바닥의 삶에서 대형 프랜차이즈 카페의 점장으로 발탁되는 기적이 일어난 거예요. 물론 카페 경영도 성공적으로 하게 되었죠. 자매가 나중에 교회를 다니게 되면서 신앙적인 이야기도 주고받게 되었어요. 하나님이 좋은 길을 예비해 주신거죠.

처녀작은《위대한 독서의 힘》인데 독서 입문서입니다. 왜 책을 읽어야 하는지 독서의 이유와 동기 부여에 관한 책입니다. 어떤 분은 자녀에게 이 책을 읽고 소감을 엄마에게 말해주면 10만 원을 주겠다고 했답니다. 그 정도 가치 있는 책이라고 했답니다. 강건의 대표서입니다.

두 번째 책은《위대하라》입니다. 사람들이 힘들게 살아가는 이유는 마음이 좁아서입니다. 아웅다웅 다투며 살아가는 것도 작은 마음 때문입니다. 마음이 커지면 누구나 행복하게 살 수 있습니다. 꿈을 가지고 위대한 결심을 하고 독서하면 위대하고 큰마음으로 살아갈 수 있다는 내용입니다.

세 번째 책은《어떻게 살아야 할까》입니다. 누구나 어떻게 살아야 할지를 몰라서 평생 고민하며 살아가고 있습니다. 이 책에서는 한 번뿐인 내 인생을 잘 살아내는 8가지 비결을 다루고 있습니다. 책 제목을 보면 굉장히 궁금하실 겁니다. 삶의 철학이 담긴 책입니다.

네 번째 책은《TEN》입니다. 드디어 목사로서 성경 이야기를 썼습니다. 한 청년이 열 명의 신앙 멘토를 만나는 내용입니다. 노아에게는 순종을, 아브라함에게는 믿음을, 요셉에게는 꿈을, 모세에게는 겸손을, 여호수아에게는 도전을, 다윗에게는 회개를, 엘리야에게는 기도를, 베드로에게는 담대함을, 바울에게는 전도를, 요한에게는 사랑을 배운다는 내용입니다.

| 신학과 인문학은 함께 할 수 없을까요? |

신학도 훌륭하고 인문학도 훌륭하다고 생각합니다. 신학은 하나님에 대한 학문이고 인문학은 사람에 대한 학문입니다. 교회에서 신학 이야기만 하거나 인문학 이야기만 하는 것은 문제라고 생각합니다. 신학과 인문학의 만남이 이루어져야 합니다. 기회가 되면 언젠가《신학과 인문학의 만남》에 관한 책을 써보려고 합니다. 신학과 인문학은 양 날개라고 볼 수 있습니다. 새에게 양 날개가 있어야 잘 날 수 있는 것과 같습니다. 제가 개척을 하고 실패한 이유를 돌아봅니다. 그때 만약 사람을 알았다면, 구약을 100번 읽고 신약을 300번 이상 읽고, 장기 금식을 100일이나 했는데, 그 좋은 보물을 사람들에게 잘 포장해서 전달했어야 했는데 그것을 전혀 못 했어요. 인문학은 사람을 알고 사람을 이해하기 위한 학문입니다. 교회에서 인문학을 배척하기보다는 적극적으로 받아들여야 한다고 생각합니다. 대신 인본주의로 흐르지 않고 철저하게 신본주의로 무장한 상태로 인문학을 접목시킨다면 신학이 훨씬 더 빛날 것이라고 생각합니다.

YouTube
〈좋은 인터뷰〉 강건 편 보기

Story 32

그리스도인의 건강한 연애를 꿈꾸다

권율

"성도들을 위한 책을 쓰려고 합니다"

부산 세계로병원 원목
피에타스 선교지원 연구소 소장
《연애 신학》《올인원 사도신경》 저자

| 평탄하지 못한 가정 환경 |

현재, 주중에는 세계로병원 원목으로 섬기고 있고, 아내와 아들 세 명이 주 안에서 함께 행복하게 사는 중입니다. 과거가 평범하지 않습니다. 어릴 때부터 가정 폭력, 부모님의 이혼… 이런 환경 속에서 동생과 함께 힘들게 자랐습니다. 지금은 친부모님이 소천하셨지만, 한때 부모님이 총 네 분이었을 때도 있었습니다. 어릴 때 충격이 좀 컸던지 사람들을 만나면 긴장을 많이 하고 한동안 사람을 아예 만나지 못했습니다. 대인 기피인지는 잘 모르겠는데 지금은 상당 부분 극복하고 단련됐지만, 한동안 '내가 왜 이렇게 살아야 하지?' 싶은 가정 환경에서 비롯된 절망, 패배감 같은 역기능적인 부정적인 영향을 많이 받았습니다.

초등학교 4학년쯤에 아버지가 심장병으로 쓰러지셨는데 어머니가 그전부터 가출을 몇 번 하셨어요. 그즈음 어머니는 식당 일을 그만두기로 하신 것 같았고 그때 이미 부모님은 별거 상태였죠. 저는 식당에서 어머니와 잠을 자고 동생은 교회에 방을 한 칸 얻어서 살았는데 어느 날 아침에 일어나 보니 어머니가 안 계셨어요. 성격이 워낙 깔끔해서 손님들 가고 나면 식당을 바로 치우곤 하셨는데 그날은 엉망이었죠. '째깍째깍' 큰 벽시계 소리가 기억에 남는 날이었어요. 문이 다 찌그러져 있었고 1층 채소 가게 아주머니께 물어보니 어머니가 새벽에 집을 나갔다고 하셨어요.

고등학교 1학년 어느 날 아버지께서 어떤 아주머니와 집에 들어오셨어요. 건강이 잠깐 회복되었던 시절인데, 원래 춤을 좋아해 늘 예전부터 카바레를 들락거리셨던 아버지였거든요. 그날은 어느 분을 데리고 와서는 이제부터 너희 엄마라며 말씀하셨어요. 제가 결혼할 때까지 그분과 계속 같이 살았습니다. 후에 집을 나간 친어머니가 어렵게 사신다는 것을 알고 찾아가 보니 영감님 한 분이 함께 계시더라고요. 두 분이 각각 그렇게 살림을 사시다 친부모님은 두 분 모두 돌아가셨고 새 부모님은 원래 본인의 가족들과 살고 계십니다.

| 영문학도가 신학도가 된 이유 |

신앙이 없었던 아버지께서 몸져누워 계셨을 때, 제가 다니던 교회 성도들이 와서 기도해 주시고 돌봐주셨어요. 그 덕에 당시에는 아버지께서 교회에 좀 나가셨는데 나중에는 결국 예수님을 부인하셨어요. 신앙이 없는 아버지께서는 제가 신학을 하겠다고 하니 화가 많이 나셨죠. 대나무 몽둥이를 꺾어 오라고는 30분 동안 죽일 듯 두들겨 패시는 바람에 그때 잠시 진로를 틀어야겠다 싶었습니다. 그래서 영문학도의 길을 걸었고 지금 생각해보면 그것도 하나님의 섭리라는 확신이 듭니다. 신학을 하고 집필을 해보니까 영어가 다양하게 쓰이더라고요. 그때는 무조건 학부부터 신학을 해서 빨리 사역하고 싶다는 생각뿐이었는데, 외려 주님이 방향을 트신 것 같습니다. 아버지의 기질을 이용해서요.

영어를 정말 잘 못 했어요. 어릴 때부터 말이 좀 어눌했고 언어 자체를 싫어했습니다. 그런데 이것이 하나님의 섭리였지요. 고등학교 2학년 시절, 전도사님께 암송하는 법을 배우면서 전도사님이 주신 영어 성경 로마서 문제집을 보는 순간 저도 모르게 거기에 몰입하게 되었어요. 뜻도 모르면서 영어 로마서를 몇 달간 암송한 기억이 있어요. 그때부터 조금씩 영어가 보이기 시작했고 한 일 년 정도 지나니까 수능 영어는 이미 뛰어넘은 것 같더라고요. 저도 되게 신기했습니다. 영어 문법책을 대학교 가서 처음 봤는데, 신기하게도 문법 용어는 잘 모르지만 이미 암송해놓은 게 있으니 그걸 기본으로 문장을 쉽게 만들었고 문법도 자연스럽게 터득된 것 같았습니다. 한국어를 배우듯 영어를 익히게 되었죠.

중학교 시절 고신대 영도 캠퍼스에서 열린 '오픈윈도우' 수련회에 참석했어요. 그때만 해도 중고생 연합 수련회에는 적어도 이삼천 명이 모였던 것으로 알아요. 당시 마지막 날, 헌신과 결단의 시간에 "목사, 선교사 될 사람 다 뛰어나오세요" 하자 충동적으로 뛰어나갔는데 제 앞에 선 몇천 명의 또래 친구들을 보면서 '내가 순간 정신이 나갔구나!' 정신이 번쩍 들었어요. 그때 위에서 사진을 찍길래 나중에 신학교 안 가면 증거로 들이밀려나, 진짜로 그런 생각을 했습니다.

| 신대원을 수석 입학 |

솔직히 학교 공부보다 성경을 더 많이 본 것 같아요. 듣기 싫은 수업이 있으면 그 시간에 성경 보다 걸려서 선생님께 혼난 기억도 있습니다. 교회 전도사님을 통해 성경을 암송하기 시작한 덕분에 그게 쌓여 신대원에 수석으로 입학하게 된 것 같습니다. 성경 시험은 다 일등 했어요. 깨알 자랑해서 죄송한데, 원래는 유학 가려고 신대원에 입학했어요. 그런데 대학원에서 공부하다 보니까 갈수록 교회 현장에 남아야겠다는 확신이 들어서 중간에 계획을 뒤집었습니다. 유학 가서 교수 되려는 계획이 확고했어요. 교수회에서도 유학 장학금을 주시려 했다고 들었습니다.

그런데 저는 졸업식 전부터 SFC 캠퍼스 간사로 이미 지원해 버렸어요. 의도적으로 엘리트 코스를 거부했습니다. 정해진 틀을 따라서 가는, 성공을 향해 짜인 길을 가는 것처럼 보이는 게 싫었습니다. 그런 기회를 활용하는 사람을 비난할 생각은 없습니다. 신학을 정말 열심히 공부했지만, 신학이 현장성을 담아내야 하고, 신학은 현장에서 검증되어야 한다는 게 소신이었는데 지금 그 꿈들을 하나씩 이루어가고 있는 것 같습니다.

| 저서들이 대중적 눈높이에 맞추어져 있는 것 같습니다 |

신학은 교회를 위한 것이어야 한다고 보는데 교회는 평범한 성도들입니다. 교회가 건물의 개념이 아니니 일차적으로 신학은 일반 성도들을 위한 것이어야 하고 성도들의 신앙에 도움을 주되 특별히 하나님과의 관계를 깊이 추구하게 만드는 신학이어야 한다고 생각합니다. 그래서 원고를 쓸 때마다 출간 전에 성도들에게 미리 읽힙니다. 지금도《구원론》을 쓰고 있는데 사전에 몇 명한테 읽히고 있거든요. 신학을 공부하는 사람들이 가진 편견 중 하나가 당연히 이 부분은 알것이라 생각하며 글을 쓰는 경향이 있습니다. 그런데 의외로 그게 아니거든요. 나중에 피드백을 받아보면 사역자 입장에서 당연하다 생각했는데 아닌 경우가 꽤 있더라고요. 그래서 출간 전에 다양한 피드백을 받았고, 지금까지 출간된 책들이 다 그렇게 해서 나온 책들입니다.

| 저작 '올인원' 시리즈는 어떤 책인가요? (십계명, 주기도문, 사도신경) |

얼떨결에 출간하게 됐습니다. 사도신경, 주기도문, 십계명 세 가지는 기독교의 핵심 교리이기에 해마다 반복해서 설교했습니다. 그 설교를 다듬어서 책으로 제본했어요. 제본한 책을 청년들에게 읽히고 있었거든요. 그런데 신기하게 사람들이 제본한 책을 자꾸 찾아서 6개월 가까이 계속 문의가 들어왔어요. 그러다가 한꺼번에 제본 수량을 파악해 배송료만 받고 보내주려 했어요. 수량을 파악한다고 SNS에 올렸는데, 그 과정을 통해 〈세움북스 출판사〉와 손을 잡고 출간까지 이어지게 되었습니다.《올인원 사도신경》은 성부 하나님, 성자 하나님, 성령 하나님의 구조대로 신앙 고백의 내용이 무엇인지 간략하게 설교 형식으로 쓰되 성도들이 기초적으로 알아야 할 삼위일체의 하나님이 어떤 분이신지를 강조점으로 두고 특징적인 부분을 집약해 썼습니다.《올인원 주기도문》도 구조대로 한 거죠. 서문이 있고 중간의 여섯 가지 간구, 마지막 송영 부분. 이렇게 주기도문의 구조를 따라 쓴 겁니다.《올인원 십계명》도 마찬가집니다. 서문이 있고 전반부는 하나님에 관한 계명, 후반부는 이웃에 관한 계명, 마지막 부분은 마태복음

22장에 예수님이 내려주신 결론으로 마무리를 지었어요. 세 권의 책 모두 4강으로 구조화해서 썼습니다.

| 권율의 '연애 신학' |

《연애 신학》은 한 마디로 하나님 나라를 꿈꾸는 연인을 위한 지침서입니다. 이 책도 출간 목적으로 쓴 것은 아니고, 일단 저를 대상으로 연애 시절에 임상 실험을 했어요. 신학하기 전부터 학부까지 15년 이상 강의한 내용을 〈샘솟는 기쁨 출판사〉에서 책으로 펴낸 건데요. 출판사 대표님이 제 블로그에 있는 강의안을 보시고 제의를 하셨는데 출간 전에 안 팔릴까 봐 엄청 걱정했는데, 벌써 2쇄가 나오게 됐습니다. 연애와 신학이 단어 조합 자체가 어색하죠. 어떤 분께 추천사를 부탁하려고 《연애 신학》 원고를 드렸는데, 처음 들어봤다는 거예요.

'연애 신학'이라는 용어 자체를 처음 들어봐서 조심스러워하는 분도 계셨죠. 연애를 어떻게 바라보느냐에 따라 비판하시는 주장이 맞을 수도 있고 틀릴 수도 있다고 생각하는데 제가 볼 때 성경은 연애와 결혼에 지대한 관심이 있습니다. 그리스도와 당신의 교회를 아름다운 연인으로 묘사하고 있잖아요. 우리는 하나님과 관계성을 사랑하는 남녀 사이로 투영시켜 드러내야 하고 우리 몸을 통해 증거 해야 하는 사명까지 있습니다. 정확히는 언약 관계에 있는 부부 사이겠지만 결혼 전 단계인 연애 역시 신학적 필터링을 거치면 얼마든지 성경에서 교훈을 추출할 수 있습니다. 그걸 작업한 것이 《연애 신학》이고, 또 연애와 결혼은 이어져 있기에 만약 성경이 연애에 관심 없다고 얘기하면 결혼에도 관심 없다고 말해야 하거든요.

| 최근 '행복 신학'이라는 주제로 글쓰기를 시작하신 것 같아요 |

인문학적 글쓰기로 시도하고 있는 주제이긴 한데요. 해보니까 생각보다 쉽지 않은 것 같습니다. 어릴 때 성장 과정이 굉장히 힘들었지만, 그 고통을 통해서 진짜 행복이 형성되는 과정을 그리고 싶은 욕구가 표출된 것이 '행복 신학'입니다. 행복은 주관적인 느낌의 흐뭇함, 편안함 이런 감정적인 영역만이 아니고 외부적 환경에 아랑곳하지 않는 신적인 행복, 하나님과의 관계성으로부터 나오는 것이 행복이라는 게 제 주장입니다. 이 글들이 하나씩 모이면 책으로도 나오지 않을까 싶습니다.

YouTube
〈좋은 인터뷰〉 권율 편 보기

| 오토바이 관련 일을 하게 된 계기 |

현재, 국내 최초 오토바이 진흥 연구원과 오토바이 정비 전문 학원을 운영하고 있습니다. 대학에서는 체육을 전공했는데요 전공하면서 교수가 되고 싶어서 스포츠 마케팅 석사를 했었고, 금융권에서도 조금 일했었습니다. 제가 오토바이를 시작했던 2015년에는 배달 대행업이 새록새록 시작되는 시기였어요. 지인이 한번 해보지 않겠냐 권해서 일주일간 했는데 이건 못 하겠더라고요. 제게 추천하셨던 그분이 오토바이 대여업을 하시는 분이어서 "저 이 사업하고 싶어요"라며 겁 없이 요청을 드렸더니, 선선히 응해주셨고 그렇게 오토바이 업에 뛰어들게 됐습니다.

| 오토바이 정비까지 이어진 계기 |

대여업을 하면서 처음에는 정비하는 분을 따로 채용하고, 저는 마케팅과 영업만 담당하고 있었어요. 그런데 제가 모르다 보니 정비하는 분을 관리하는 것에 어려움이 있더라고요. 어느 날부터 혼자 하기 시작했는데 당장 문제가 있었습니다. 손님이 와서 "시동 안 걸려요" 이러면 무엇부터 해야 할지 정말 암담하더라고요. 그래서 '아 이런 것을 가르쳐주는 곳이 있으면 좋겠다' 생각하게 되었죠. 그런데 아무리 검색해도 가르쳐 주는 곳도, 배울 수 있는 곳도 없었죠.

그때 고등부에서 단기 선교로 캄보디아를 가게 됐어요. '과연 캄보디아에 가서 무엇을 할 수 있을까? 체육을 전공했으니 축구나 가르쳐줄까?', '아니면, 애네들 미술 음악 못 배운다니까 그거 한번 가르쳐 줄까?' '그거는 누구든지 다 할 수 있는 건데' 생각이 많았죠. 그때 그쪽 사람들이 오토바이를 많이 탄다는 이야기를 듣고 "목사님, 연장 가져가서 오토바이 정비 한번 해볼까요?"라며 제안 드렸더니 목사님께서 너무 좋아하시더라고요. 그러면서 한국에 혹시 그런 교육 기관이 있는지, 인증받는 자격증이 물으셨어요. 없다고 말씀드리니 오토바이 정비 관련 자격증을 받을 수 있으면 사역도 안정되고 정착이 빠를 수 있겠다는 말씀을 하시더라고요. 그 말씀을 듣고 '그럼 내가 정비 학원을 한번 해봐야겠다'는 생각을 했어요. 캄보디아 교민, 선교사님, 그리고 캄보디아 국민에게 오토바이 정비를 가르치며 복음을 전하면 좋겠다 싶었죠. 그런 계기로 정비 학원에 관심을 가지게 되었어요.

| '국내 최초' 수식어 어렵지 않으셨어요? |

'국내 최초', 어려운 게 한두 가지가 아니었어요. 우연히 어느 분을 만나 중소 벤처 기업부에서 지원하는 '메이커 스페이스'를 소개받았어요. 만들고 창작하는 공간을 지원해 주는 사업인데, 오토바이 정비 학원도 만들고 창작하면서 교육하는 곳이니 해당되지 않겠나 싶었거든요. 그래서 그 사업에 관심을 가지고 3~4개월 동안 자료를 준비하면서 사업 계획서를 썼어요. 그런데, 나중에 알게 된 사실이지만 저희 같은 오토바이 센터가 메이커 스페이스의 기관으로 선정되는 것은 굉장히 어려운 일이더라고요. 계란으로 바위 치기, 하늘에서 별 따기일 정도였어요. 선정된 기관들 대부분이 대학교, 국립 병원 암센터 같은 곳이고 몇 평 안 되는 오토바이 정비 센터가 선정되는 것은 정말 힘든 일이었다는 걸 나중에 알게 되었죠. 또 하나의 에피소드를 말씀드리자면, 저희가 코로나 유행이 한창이었던 2020년에 신청을 하다 보니 심사위원들이 현장 실사는 사진으로만 진행하고 인터뷰만 대면으로 했어요. 덕분에 유리했던 것 같아요. 아마 오셨으면 힘들었을 거예요.

| 교육 기관을 운영하시며 기억나는 일이 있을까요? |

일단 제가 학원 허가를 위해서 교육청을 찾았어요. 그런데 오토바이 정비 학원은 기준이 없다는 거예요. 자동차 정비 학원 같은 경우에는 어떤 장비가 있어야 한다 등의 기준이 있는데 오토바이는 기준이 없어서 안 된다기에 제가 그랬죠. "없어서 되는 거 아니냐?" 그런데 어쩔 수 없대요. 그래서 역으로 자동차 정비 학원 기준으로 모든 걸 맞추면 해줄 수 있냐고 물으니 해줄 수 있대요. 그래서 하나하나 기준에 맞춰 준비하는데 다행스럽게도 그 기준이 그렇게 대단한 것은 아니더라고요. 준비를 마치자 교육청에서 실사를 나왔는데 감사한 것은 실사 나오신 분도 통과시켜주기 위해서 노력하시더라고요. 그렇게 해서 학원이 시작됐어요.

그런데 국가에서 인정하는 기관이 되려면 고용노동부에서 지원하는 국비 지원 프로그램이 있어야 했어요. 그 부분을 준비하면 나중에 캄보디아에 가서 직업 훈련할 때 큰 도움이 될 것 같아서 도전했죠. 그걸 하기 위해서는 '국가 직무 능력표준'이라는 기준이 있어야 하는데 개인이 혼자 할 수 있는 일이 아니었어요. 그렇지만 너무 다행스럽게도 찾다 보니 어떤 기관에서 만들어 놓은 양식이 있더라고요. 그 자료를 이용해 고용노동부에서 지원하는 국비 훈련 기관 자격을 취득할 수 있었어요. 사람을 통해 하나하나 그렇게 미리 다 준비해 놓으셨더라고요.

| 오토바이 진흥 연구원 개인적으로는 어떤 의미가? |

제가 대학 교수의 꿈을 포기하면서 그 힘들었던 석사 과정이 너무 쓸모없게 돼버렸어요. 석사 때는 교수의 꿈을 가지고 논문도 많이 쓰고, 연구도 많이 하고, 시간 강사도 하면서 참 많은 활동을 했었는데 그걸 포기하고 사회에 나오니까 그 흔한 워드 프로세서 자격증 하나 없는 거예요. 그리고 전공이 체육이다 보니 취업하는데 어려움이 있더라고요. 그래서 한편으로 후회도 많이 했죠. 그런데 진흥원을 준비하면서 석사 때의 그 경험들이 많은 도움을 주는 거예요. 사업 계획서를 쓰고, 프레젠테이션할 때. 그리고 꿈꿨던 대학교수는 아니지만, 여기에서도 강의를 하고 있잖아요. 언젠가는 대학교를 세워야겠다, 혹은 세우는 데 보탬이 되겠다는 목표를 가지고 준비하고 있습니다. 이 기관, 이 장소는 주님께서 경영하신다 믿어요. 그리고 주님의 시간은 일분일초도 쓸데없는 시간이 없다는걸 느끼게 되었죠.

| 신앙생활은 어떻게 시작되었나요? |

어렸을 때는 그냥 부모님 따라가는 SUN-DAY 신자였죠. 작은 교회라 중고등부가 없었어요. 신앙생활을 하는 아내를 만나 결혼을 하고, 믿음의 가정을 세워야겠다는 마음이 들더라고요. 결혼과 함께 본격적인 신앙생활을 시작했습니다. 그러면서 교회를 섬겨야겠다는 마음이 들어 고민 했죠. 이 덩치에 초등부는 안 맞을 것 같고, 그래도 고등부 정도면 대화가 되지 않을까 싶었어요. 아까 말씀드린 것처럼 저에게는 중고등부 시절이 없었기에 중고등부에 대한 부족함, 혹은 공허함, 궁금증 그런 것이 항상 있었던 것 같아요. 그래서 중고등부를 섬기기 시작했어요. 그렇게 올해로 벌써 12년째 고등부 교사를 하고 있습니다. 그 친구들이 신앙생활 하는 걸 보면서 제가 오히려 더 은혜받고 신앙이 자라더라고요.

| 앞으로의 삶 |

꼭 하고 싶은 것이 있어요. 이 기관을 설립하면서 계획했던 선교의 꿈, 그것을 아직 가지고 있고요. 이 기관을 통해 선교하시는 분들에게 도움이 되고 또 디딤돌 같은 기관이 됐으면 좋겠어요. 주님이 편하게 쓰실 수 있는, 쓰임 받는 제가 됐으면 좋겠습니다.

YouTube
〈좋은 인터뷰〉 장태순 편 보기

| 드라이브인 주님의교회의 시작 |

원주에서 드라이브인 주님의교회를 섬기고 있습니다. 많은 분이 저희가 차 안에서 예배를 드리는 이유가 코로나 때문이라고 생각하시더라고요. 그런데 저희가 차 안에서 예배를 드리는 이유는 차라는 공간이 우리 삶의 현장을 대표한다는 생각 때문입니다. 다시 말씀드리면 익숙한 차라는 공간에서 예배를 드림으로 우리 삶의 모든 현장이 주님께 드려지는 예배의 처소가 되어야 한다는 생각을 갖게 하기 위해서입니다. 어느 날 미가 4장 13절의 '온 땅의 주'라는 말씀이 제게 확 다가오더라고요. 그래서 저희 삶의 모든 영역에서 주님의 말씀에 순종함으로 온 땅의 주님께 영광을 돌리는 삶을 살게 하자는 생각으로 드라이브인 교회를 시작하게 되었습니다.

| 예배당 안에서 드리는 예배와 차이점이 있을까요? |

기존 예배당에서 진행하는 예배 순서, 형태와 특별히 다른 점은 없습니다. 단지 저희가 예배당 밖에서 드라이브인 예배를 드리면서 새롭게 느낀 것이 있는데요. 마음에 상처가 있거나 무거운 짐을 안고 있는 분들, 기존 예배당에서 예배를 드리는 것이 어려운 분들이 차라는 개인적인 공간에서 편안하게 예배를 드릴 수 있고, 예배가 끝나면 자연스럽게 헤어질 수 있다는 것입니다. 삶 속에 다양한 어려움을 가진 분들이 쉽게 예배에 접근할 수 있는 형태라는 것을 경험하게 되었습니다.

| 드라이브인 예배를 준비하며 생각이 많으셨을 것 같습니다. |

그렇게 보이지 않겠지만, 저도 상당히 보수적이거든요. 그래서 해왔던 것 외에 다른 걸 시도하는 것이 쉽지 않았어요. 그런데 언제부터인가 주님께서 자꾸 새로운 걸 도전하게 하시더라고요. 그래서 서울에 있을 때도 '비전 21'이라는 공동체를 만들어서 전국에 있는 목회자, 관장님, 이런 분들과 협력해서 다음 세대의 부흥 전략을 세웠어요. 그때부터 제가 완전히 바뀐 거죠. 보수적이었던 제가 주님의 인도로 도전적인 사람으로 바뀌어버린 거예요. 변화에 익숙해진 거죠. 지금은 새로운 걸 한다면 갑자기 신이 나요. 전혀 제가 가지고 있던 모습이 아니에요. 주님께서 저의 모습을 강권적으로 변화시키신 것 같아요. 드라이브인 예배를 드리기 위해 주님이 그렇게 하셨는지는 모르겠지만, 새로운 형태의 예배를 시도한다는 게 저는 그냥 기뻤어요. '아 새로운 걸 하는구나! 도전이구나! 이 새로운 도전을 주님과 함께하는구나!' 그 자체로 너무 기뻤어요. 그래서 지금도 행복하게 사역하고 있습니다.

| 목회자로 준비하던 시간 |

실은 저는 목회자가 안 되려고 했던 사람이거든요. 그런데 제가 군에 있을 때 제 삶의 목표를 두고 신중하게 기도하던 어느 날, 군 교회 두 번째 좌석에서 말씀을 읽고 있었어요. 빌립보서 2장 13절의 "너희 안에서 행하시는 이는 하나님이시니 자기의 기쁘신 뜻을 위하여 너희에게 소원을 두고 행하게 하시나니"라는 말씀을 읽는 중에 갑자기 미래가 보이는 듯하더라고요. 신기한 경험이었습니다. 그러면서 "아, 주님이 나를 목회자로 부르시는구나"라는 생각이 든 거예요. 전혀 생각지도 않았던 마음이 갑자기 주어졌어요. 그래서 일반 대학에서 공부하던 제가 갑자기 신학 대학으로 가게 된 거죠.

| 독특한 형태의 교회 개척에 현실적인 어려움은 없으신지요? |

우리 목회자들의 현실적인 고민은 생활, 생계의 문제잖아요. 그런데 비록 부족하지만, 말씀대로 순종하는 삶을 살아보니까 때가 있더라고요. 어느 때가 지나자, 주님이 주시더라고요. 저도 전에는 그 주님의 때를 말로만 들었었죠. 그런데 그때가 되니까 신기하게 하나님이 상상할 수 없는 방법으로, 생각하지도 않았던 사람이나 환경을 통해서 물질을 주시더라고요. 참 신기하죠? 지금 드라이브인 예배를 드리면서 한 번도 사역에 필요한 물질에 있어서 궁핍한 적도 없었고 부족하다고 느낀 적도 없었어요.

제가 예전에 평택에서 개척했을 때는 어려웠죠, 처음이니까. 그때 만났던 분을 드라이브인 예배를 준비하면서 다시 만나게 하셨어요. 참 신기하죠? 갑자기 연결된 그분을 통해 상당한 물질의 공급을 받고 있어요. 또 제가 서울에서 목회할 때 만났던 성도님 중에도 지금까지 물질로 동역해 주시는 분이 있어요. 저희가 예배드릴 때 주차된 차량이 천 대, 만 대가 아니잖아요. 규모가 작아요. 그렇지만 많은 분을 통해서 지금도 공급을 받고 있어요, 부족함 없이. 저희가 공식적으로 우리나라에 드라이브인 예배로 교회를 등록하고 시작한 것이 2020년 12월 초반이거든요. 그때 이후로 작은 교회지만 상당히 많은 선교비와 후원금을 보낼 수 있을 정도로 부족함이 없도록 주님께서 채워주셨습니다.

| 교회 등록하는 과정에 어려움은 없으셨는지요? |

공무원도 낯설어하더라고요. 제가 고유번호증을 얻기 위해 교회를 등록하러 왔다고 말씀드리니까 황당해하시더라고요. 건물이며 다른 무엇이 있어야 등록할 수 있다고 알고 있었는데 임대한 땅으로 등록하려고 하니 당황했던 거죠. "제가 해주기는 하는데 희한하네요." 그러면서 해주셨어요. 그것을 기반으로 통장도 개설하고 다른 외부적인 일을 할 수 있게 되었죠.

| 한국 교회 성도님들께 드리고 싶은 말씀 |

어거스틴이 어느 날 밤, 주님을 사모하는 마음으로 기도하며 잠들었어요. "주님만을 사모합니다." 그는 꿈속에서 사랑하는 주님을 만났죠. 예수님은 어거스틴에게 물으셨습니다. "사랑하는 내 아들아, 너는 나에게 무엇을 원하느냐?" 그때 어거스틴은 주님께 이렇게 대답했습니다. "주님, 아무것도 원하지 않습니다. 오직 주님만을 원합니다." 그런데 그 고백이 드디어 제 고백이 되었습니다. 그 사실을 제가 깨닫게 된 거죠. 저는 다른 것을 원하지 않아요. 저의 가장 큰 기도 제목은 '주님을 제게 주십시오.'입니다.

절망의 어두운 터널을 통과하고 있는 성도님들이 혹 있을지 모르겠습니다. 응답도 없는 것 같고, 유일한 소망인 주님의 말씀도 희미해져 가는 것 같은 정말 힘든 상황을 지나는 분들이 분명 있으실 거예요.

주님만으로 만족하는 성숙한 신앙에 이르기 위해서는, 모든 소망이 사라져 버린 것 같은 상황을 반드시 통과해야 합니다. 끝인 것 같은 지금이 절대로 끝이 아닙니다. 그 상황을 지나면 은혜의 때가 기다리고 있음을 기억해 주셨으면 좋겠습니다. 이것이 목회자로서의 간절한 부탁이고 권면입니다.

YouTube
〈좋은 인터뷰〉 이장수 편 보기

| 거리 전도자로 나서게 된 계기가 있을까요? |

저는 보육 교사로 일하고 있는 평범한 서른 살 직장인입니다. 코로나가 시작되기 전부터 제가 다니는 교회에서 노방 전도를 일주일에 두 번씩 나갔었어요. 그때 불신자들과 대화도 많이 하면서 '노방 전도가, 복음을 전하는 게 재미가 있구나' 이런 생각을 했었거든요. 그런데 노방 전도를 신천지나 극단적인 종교인들, 성령 충만한 권사님들이 주로 하신다는 고정 관념이 좀 싫었어요. 젊은 아가씨가, 멀쩡해 보이는 사람이 예수님을 전할 수도 있다는 것을 좀 보여드리고 싶었죠.

제가 다니는 교회가 좀 큰 교회예요. 코로나 전에 노방 전도를 하면 감사하게도 거리에서 이야기를 나눈 분들이 새신자로 오시고 결신도 하시고 이런 경험이 많았거든요. 그러면서 예수님을 전하는 게 아니라 교회를 위해 일종의 영업 실적 같은 것을 쌓는 것이 아닌가 싶은 생각이 들었어요. 사람들이 건네는 '되게 전도 잘한다' 이런 말을 은근히 즐기고 있는 것은. 어느 순간 그런 제 모습이 너무 싫어지더라고요. 그래서 계속 전도에 대한 감동을 주셨을 때부터는 교회로 연결하진 않았어요. '하나님만 바라보며 전도를 하고 싶다', '다른 사람들이 알아주지 않아도 정말 하나님이 알아주는 그런 전도를 해보고 싶다' 이런 마음으로 나서게 됐습니다.

| 주변 반응은 어떤가요? |

사실 지인들에게는 거의 알리지 않았고 교회 친한 친구들 몇 명에게만 '나 이런 거 한다' 정도로 말했어요. 가끔 전도지를 출퇴근 길 역에서 몇 장씩 나눠주고 그랬는데, 길에서 친구 만나면서 제가 거리 전도하는 걸 아는 사람들이 생겨났어요. 주변 사람들한테 많이 말하지는 않았거든요, 일부러. 진짜 하나님만 바라보고 싶은 마음에요. 엄마가 이런 말씀을 하시더라고요. "거리 전도를 하라는 감동을 받는 게 참 특이하다. 흔한 일이 아닌데"라고요. 제가 거리 전도한다는 걸 아는 신앙 있는 친구들은 응원을 많이 해줘요, 대단하다고.

| 어려웠던 일, 보람 있었던 일 |

제가 유튜브에 전도 영상을 올릴 때 바라는 것이 있었어요. 거리 전도가 마음은 있어도 선뜻 나서기 어려운 일이잖아요. 그런 누군가에게 용기를 주고 싶었어요. 오늘 같은 경우에도 "자매님 유튜브 보고 바로 길거리 전도 나갔는데 성령님이 복음을 말하게 하셨다 감사하다" 이런 댓글이 있어서 너무 기뻤어요. 길거리 전도를 하겠다고 마음을 굳힌 계기가 있어요. 퇴근길에 혼자 피켓을 들고 서 있었는데 멀리서 노숙자분이 유심히 보시다 다가오시는데 순간 멈칫했었죠. 그분 말씀이, "나는 사실 목회자다. 그런데 집도 없고 노숙자들 상대로 복음을 전하고 있다. 과거 알코올 중독이었는데 예수님을 만나고 거리 전도를 하면서, [그분 표현으로] 영안이 잠깐 열렸다"라고 하시더라고요. 노방 전도자들 뒤에 천사들이 많이 따라다니고 전도자들을 예수님이 하늘에서 얼마나 기뻐하시는지 아냐고 하시면서 "너를 지금 예수님이 엄청나게 기뻐하고 계신다"는 말을 해주고 가셨어요. 사실 그때 가장 많이 와닿았던 게 '아, 예수님이 기뻐하시는구나.' 그게 전도 나갈 때마다 느껴져서 다른 거 말고 하나님 기뻐하시는 일이니까 해보자 결심했죠. 그렇게 계기가 되어 거리 전도에 더 마음을 굳혔던 것 같아요.

예수님이 기뻐하신다는 것을 알면서도 제가 그것을 계속 이어가지 못할 때, 가장 속상했어요. 사실은 나갈 때마다 힘들더라고요. 혼자 전도지를 나눠주다 가끔 힘주시면 "하나님은 살아계십니다!"라고

소리도 지르고 그러는데, 그걸 하고 나면 너무 기뻤어요. 그렇게 하나님이 기뻐하신다는 것을 알면서도 꾸준히 하지 못하고 그럴 때 가장 힘들더라고요. 사실 전도 자체로 힘든 것은 없었어요.

| 거리에서 외칠 때 두려움을 극복하는 비결이 있다면? |

내가 하나님을 기쁘게 해드리겠다는 마음이 있어야 두려움을 극복할 수 있는 건데, 첫 번째는 정말 기도해서 하나님 사랑하는 마음을 최대한 끌어올려야 가능한 것이더라고요. 그다음 두 번째는 일단 행동 해보는 것. 여호수아도 그랬고 모세도 그랬고 하나님이 "하라!"라고 말씀하실 때 기도하며 결정하는 것보다는 지팡이를 먼저 내밀고 발을 먼저 내딛었을 때 바다가 갈라지고 그랬잖아요. 그런 모습을 통해 많이 깨달았던 것 같아요. 이게 내 계산으로 되냐, 안 되냐보다는 하나님이 감동을 주실 때 한 발짝 우선 내딛는 것은 내가 하는 것, 그 뒤부터는 다 하나님이 하신다는 믿음이 생긴 거죠. 그래서 두려움을 극복하는 방법은 일단 나를 그 장소에 갖다 놓는 거예요. "아 무서워" 이런 마음이 들어도 무조건요.

| 유튜브를 통해 전도하는 모습을 보여준 이유 |

거리 전도자를 보면 뭔가 대단할 것 같잖아요. 뒤에서 기도를 한 여덟 시간은 할 것 같고 금식도 막 할 것 같고. 여전사처럼 강할 것 같고요. 전혀 아니에요. 그냥 순종하는 것이고, 성령님이 힘주셔서 하는 거지, 절대 특별한 사람이 하는 게 아니라는 것을 보여드리고 싶었어요. 그리고 실패하는 모습이나 무서워서 어쩔 줄 모르는 것까지 그냥 다 담아서 그대로 영상으로 내보내면, 다른 사람들이 그 모습 보며 용기내서 꼭 거리 전도 아니어도 하나님이 마음 주시는 일에 순종하며 살지 않을까? 그런 생각을 했어요. 그리스도인이 '나 같은 사람이 이런 걸 한다고?' 연약함으로 쓰러지지 않으면 좋겠다는 바람이에요. 전도자도 똑같이 연약한 사람이라는 것을 알리고 싶었고, 그럼에도 불구하고 결국 하나님이 다 하신다는 메시지를 사람들에게 전하고 싶어서 영상을 올렸어요.

| 잠재적(?) 거리 전도자들에게 인사를 |

하나님이 어떤 마음을 주셨다는 것은 순종할 수 있는 사람인 걸 이미 아시고 그 마음을 주셨다고 생각해요. 죄를 짓거나 신앙생활을 잘못하고 있을 때, 나 같은 사람이 거리에 나가서 복음을 어떻게 전하냐고 생각할 수 있어요. 나 같이 두려워하는 사람은 하지 못한다고 생각할 수도 있죠. 하지만 가장 중요한 건 하나님은 먼저 행함을 보이는 사람에게 힘을 공급해 주시더라는 거예요. 그래서 여러분도 약한 자신을 보는 게 아니라 써주실 강한 하나님을 기대하면서 그 두려움 조금만 극복하길 바랍니다. 숨어있는, 잠재적 전도자들을 위해서 진심으로 기도하겠습니다. 자신의 연약함을 이기고 써주실 하나님만 기대하며 승리하시기를 소망합니다. 파이팅!

YouTube
〈좋은 인터뷰〉 김은지 편 보기

《따라 하는 기도》의 저자,
유튜브 〈장재기 TV〉 운영자

| 신앙의 첫 시작, 갑자기 교회로? |

처음에 그냥 교회 가고 싶어서 갔는데, 교회 문 앞까지 가서는 안에 못 들어가겠더라고요. 뭔가 모를 다른 세계 같은 부담 때문에 거기까지 갔다가 들어가진 못하고 다시 돌아왔어요. 그다음에 교회 다니는 학교 친구에게 부탁했어요. "나를 교회에 한번 데려가 줬으면 좋겠다." 그래서 가게 됐죠. 신앙에 관심이 있어서라기보다는 그냥 노는 게 좋아서 중학교 시절에 다녔던 것 같아요. 예수님을 인격적으로 만난 건 고등학교 때예요.

| 신학 대학으로 진학하게 된 계기 |

제가 제일 곤란했던 경험이, 신학교 1학년 때 자기소개하면서 사명과 비전에 관해 얘기하라고 하는데 그게 제일 힘들었어요. 친구들은 청소년 사역을 하겠다, 찬양 사역을 하겠다, 어떤 어떤 사역을 하겠다는 신학교에 온 이유가 다 있었는데 전 그게 없었어요. 고등학교 2학년 때 예수님을 인격적으로 만나 고난 후부터 예배드리고 기도하는 시간이 너무 좋았어요. 하나님과 함께하는 시간이 너무 좋은데 어떻게 하면 하나님과 더 오래 같이 있을 수 있을까를 생각하게 된 거죠. 생각해 보니 목사님은 늘 교회에 계시더라고요. '나도 목사님이 되고 싶다' 그런 생각이 들더라고요. 그래서 전도사님께 저도 목사님이 되고 싶은데 어떻게 해야 하느냐고 물어봤더니, 신학교에 가면 목회자가 될 수 있다는 거예요. 신학교라는 곳이 있다는 것을 그때 처음 알게 되었고, 그렇게 입학하게 된 거예요. 어떤 사역을 하겠다, 어떤 비전이 있다, 부름을 받았다, 이런 것 없이 그냥 하나님과 더 오래 같이 있고 싶은 마음에 신학대학을 가게 된 거죠.

| 뜨거운 심장을 가진 찬양 인도자였어요 |

하나님께서 젊은이 사역에 관한 부르심을 주셔서 대학부에 갔는데, 그때 전도사님께서 찬양인도를 해줬으면 했는데 버텼어요. 찬양을 배운 적도 없고 잘하지도 못했기 때문에 거절했는데 자꾸 기도해보라고 하시더라고요. 제가 기도해 보기도 싫다고 말씀드렸는데도 포기하지 않으셔서 일단 알겠다고 했죠. 다만, 기도할 테니 그 이후에는 더 이상 권하지 말라고 말씀드렸어요.

그 주에 계속 새벽 예배를 드렸는데, 특별한 응답이 없었어요. 그런데 목요일 새벽 예배 때 하나님께서 물고기 두 마리와 보리 떡 다섯 개, 오병이어 말씀이 딱 생각나게 하시는 거예요. 순간 제가 고등학교 때 드렸던 기도가 생각났어요. "하나님 저 기타 좀 가르쳐주세요." 그냥 찬양 부르며 기도하는 것보다 기타를 치면서 찬양하면 더 좋겠다는 생각이 들었거든요. 그때 제 기타 수준이 그냥 혼자 조금 칠 수 있는 그 정도였어요. 그런데 그때 그 기도가 딱 생각나는 거예요. "네가 하는 거 아니다. 내가 한다." 그 말씀을 주셔서 순종하는 마음으로 찬양을 인도하기 시작했어요.

| 기억에 남는 사람이나 현장이 있을까요? |

젊은이 사역을 하면서 하나님께서 말씀과 부르심을 주셨어요. 이사야 61장 "주 여호와의 신이 내게 임하였으니 이는 가난한 자에게 아름다운 소식을 전하게 하심이라." 이 말씀을 새벽에 기도하는데 떠오르게 해주셨는데 처음에는 하나님께서 나를 빈민 사역으로 부르시는가 보다 싶었어요. 그래서 그 사역을 준비하려 했죠. 그런데 당시 큐티 나눔을 했던 그룹에서 한 분이 이런 말씀하셨어요. 예전에는 청량리 588이 빈민이었고 청계천이 빈민이었는데 지금 우리 시대에 빈민이 누구인지를 하나님 앞에 기도하면 좋겠다고. 그래서 하나님께 물었죠. '하나님, 그러면 이 시대의 빈민이 누구입니까, 제가 어디로 가야 합니까?' 그때 하나님께서 "가정에서 버림받고 사회에서 소외된 젊은이들이 이 시대의 가장 큰 빈민이고 가난한 사람들이다" 이런 말씀을 주셔서 젊은이 사역으로 이동한 거예요.

처음 대학부 왔는데 제가 제일 빈민이더라고요. 분당 지역 대부분이 부유하게 사니까, 여기서 내가 무슨 빈민 사역을 하나 싶었는데 한 형제가 찾아왔어요. 부모님께서 소위 잘나가는 분인데 자기 가족은 일주일에 딱 한 번 다같이 식사를 한다고 하더라고요. 엄마는 2층에, 아빠는 1층에 나눠 산다는 거예요. 이 두 분이 사회적 지위 때문에 그냥 이렇게 살고만 있다는 얘기를 울면서 이야기하더라고요. 우울증까지 굉장히 심한 상태였는데, 전해 들은 그 얘기가 큰 충격이었어요. 이걸 내가 어떻게 해줘야 하나 싶고 답을 못 찾겠더라고요.

그리고 한 자매가 초등학교 5학년 때부터 가족에게 성폭행을 당했다는 이야기를 하면서 3시간 넘게 계속 우는 거예요. 저에게 처음 얘기한다면서요. 이런 일들이 계속 생기면서 '아, 하나님이 이런 일들 때문에 날 이곳으로 보내셨구나. 이제 어떻게 이 아이들을 돕지?' 이성적으로 생각하면 제 영역 밖 일이더라고요. 그래서 제가 상담을 받기 시작했어요. 이 아이들을 상담하려면 공부해서 될 수 있는 영역이 아니고 내가 직접 상담받아야겠다는 생각이 들었어요. 그래서 개인 전문 심리 치료를 거의 200회 정도 받았어요. 그것이 청년들을 섬기는 데 큰 도움이 됐어요. 하나님께서 절 이곳에 보내신 이유를 분명하게 알게 되었죠.

|《따라 하는 기도》, 그 시작을 듣고 싶습니다. |

제가 20여 년 지구촌교회에서 사역하고, 안식년을 갖기로 했어요. 아내랑 같이 기도하면서 사역을 잠시 내려놓기로 했죠. 또 사역을 시작하면 20년은 달리게 될 텐데 그러면 정년이니까 다시 20년을 달리기 위해서 1년 정도는 쉼의 시간을 갖자고요. 그러면서 한 가지 약속을 했는데 그게 뭐였느냐면 매일 가정 예배를 드리자는 거였어요. 그 시간이 되게 좋았어요. 아내에게도 회복의 시간이 되었고 저에게도 큰 축복의 시간이 되었죠. 하루는 가정 예배 중에 '우리의 삶이 누군가에게 도움이 되면 좋겠다' 이런 감동을 주셔서 지금 사람들에게 도움을 줄 수 있는 게 뭐가 있을까를 생각했는데, 그날 아침에 있었던 일이 떠오르는 거예요. 카카오톡을 보면 생일을 알려주잖아요. 마침 한 친구 생일이어서 생일을 어떻게 축하해 줄까 고민하다가 기도문을 써서 보내줬어요. 조금 긴 축복 기도로요. 그 친구에게 답장이 왔는데 이런 생일 선물은 처음이라고 정말 감사하다면서 너무 힘이 된다는 답장이 왔었어요. 그 일이 생각난 거예요. 그래서 기도가 어려운 분들에게 기도의 도움을 드리자 마음을 먹었어요. 그냥 기도문을 핸드폰으로 녹음해서 영상으로 올린 거죠. 당시에는 그렇게 많은 사람이 볼 거라곤 전혀 생각하지 않았고, 그냥 기도가 어려운 분들이 이 기도문을 통해서 도움을 받으면 좋겠다는 그 바람이었어요. 순종하는 마음으로 했는데, 하나님께서 이 시기에 이렇게 쓰시더라고요. 그렇게 해서 따라 하는 기도를 시작하게 됐어요.

| 유튜브 사역, 어떠세요? |

규장 출판사 대표님을 만나 교제하는데 사역 계획을 물어보시더라고요. 담임 목사 청빙 이야기도 있었고 부목사 자리 이야기도 있었는데 하나님이 감동을 주지 않으셔서 사역을 다 내려놓고 아내와 함께 부르심이 있는 곳으로 가자던 상황이었거든요. '인도하시는 곳에서 기쁘게 사역할 수 있으면 좋겠다.' 그 바람으로요. 대표님을 만나서 그런 이야기를 했더니 하나님이 지금 유튜브라는 엄청난 사역의 자리를 만들어 주셨는데 이걸 사역으로 여기셔야 한다고 말씀하시더라고요. 한 번도 유튜브를 사역이라고 생각하지 않았는데 그 말씀 들으면서 깨달아졌어요. '아, 하나님께서 지금 나를 이곳으로 인도하신 거였구나.' 저는 잠깐 누군가를 돕는 것으로만 생각하고 새로운 사역지를 두고 하나님의 인도하심을 기다리고 있었는데 말이죠. 대표님의 그 말씀이 하나님 음성처럼 들렸어요. 그래서 올해부터는 유튜브에서 사역하자 마음먹고 조금 더 에너지를 쏟으며 사역하고 있어요. 성도님들이 남겨주시는 댓글 보면서 격려도 받고 힘도 얻고 있는데 언제까지 할 수 있을지는 모르지만, 하나님의 인도를 기다리면서 기도하고 있습니다.

| 준비하시는 계획이 있다면? |

제가 뭔가 계획을 세우고, 꿈을 꾸는 것보다는 그냥 하나님이 인도하시는 그 걸음 안에서 순종하면서 그 자리에서 열매 맺게 하시는 것을 보는 것으로 만족해요. 그리고 한 가지, '어떻게 하면 성도님들에게 도움이 될 수 있을까?' 여전히 요즘도 스스로 제일 많이 하는 질문이에요. 그게 질문과 동시에 또 저의 기도입니다.

YouTube
〈좋은 인터뷰〉 장재기 편 보기

드라마 방송 작가

| 드라마 작가, 어떤 일을 하는지 궁금해요 |

1992년부터 드라마를 쓰기 시작했어요. 현장에 나갈 시간은 없어요. 대본, 대사와 지문을 계속 써야 하니까요. 제가 1번 스태프라고 생각해요. 드라마 하나 하려면 스태프들이 백 명 넘게 필요한데, 그 중 1번이 작가예요. 제가 "이런 드라마를 하겠습니다" 기획 의도를 세우면 "재밌겠네. 써보세요"라고 제작사가 계약을 하고 캐스팅을 통해 배우들을 꾸려서 일이 진행돼요. 방송국 편성을 받으면 시작부터 끝까지 평균 3년 정도가 걸리는데, 그 정도면 순항하는 거고 요즘은 경쟁

이 더 치열해졌기 때문에 7년씩 걸리는 작품도 있어요. 작가는 기본적으로 프리랜서인데 계약을 어디와 하느냐에 따라 조금 나뉘어요. 방송국과 직접 계약하는 작가들은 그 방송국에서 주는 일을 하는 거죠. 저는 SBS와 계약해서 첫 일을 시작했으니까 SBS 일만 했습니다.

드라마 작가가 되기 위한 가장 좋은 방법은 응모 당선이에요. 극본 공모를 방송국마다 하기도 하고, 여기저기 많이 있어요. 콘텐츠 진흥원도 있고요. 최근에 들었던 3000대 1의 경쟁 같은 대단한 경쟁을 뚫고 당선이 되면 신인 작가 대접을 받고 계약을 하는데, 아쉽게도 당선작이라고 해도 제작이 되지 못하는 경우도 많습니다.

| 기억에 남는 현장 이야기 |

촬영 현장만 현장이 아니라, 그전 작업도 현장이 됩니다. 제가 '에어시티'라는 드라마를 했는데 인천 공항이 무대였어요. 1년 동안 저희 팀이 공항 근무자 수백 명을 인터뷰했어요. 카트 미는 아저씨, 청소부 아줌마, 관제사, 기장. 공항 구석구석을 다 외울 정도로 자주 다니면서 총 3년 동안 사전 작업을 했어요.

주인공이 직장에 사표를 내고 힘들어하는 심리를 나타내는 장면이었어요. 신호등 앞에서 파란불로 바뀌었는데도 멍하니 못 건너고 있다가 뒤늦게 허둥지둥 건너는 진부한 장면 있잖아요. 대사도 없는 너무 간단한 장면인데, 신인 때 그 현장에 나갔더니 그걸 몇 시간 동안 찍더라고요. 거리를 반복적으로 지나다니는 행인 연기자들, 쉽지 않은 차량 통제. 제가 그걸 본 후로 민망한 마음에 글을 쓰면서 이건 몇 시간짜리 장면일까, 이건 도대체 돈이 얼마나 드는 걸까를 계산하고 있더라고요. 드라마 한 편을 위해 정말 많은 사람이 오래 고생한다는 것을 알게 된 거죠.

드라마 작가의 숙명은 마감과의 싸움이잖아요. 'show must go on! 방송은 항상 되어야 해', '관 뚜껑에다 대고도 글을 쓴다' 이런 말이 나올 정도로 마감의 압박을 받으며 치열하게 글을 써야 해요. 작가 선배님이 남편의 장례식장에서 이런 생각이 들더래요. '남편이 죽은 게 힘든 건지, 원고 마무리가 힘든 건지 모르겠다.' 일이 터져도 못 울어요. 무슨 일이 있어도 원고는 써야 하니까요. 그런 부분이 힘든 거죠.

| 기억에 남았던 신인 배우가 있을까요? |

보통 미니 시리즈를 할 때 여주인공의 남동생은 뜰 것 같은 배우로 캐스팅해요. 말썽쟁이 거나 풋풋한, 스타성 있는 친구들을 섭외하죠. 실제로 주인공의 남동생들이 다 스타가 되었어요. 그런데 처음에는 자연스럽게 걷지도 못하고 대사도 길면 못하니까 짧게 만들어 줘야 해요. 그렇지만 그런 친구들은 눈빛이 빛나 보여요. 소지섭도, 공유도 남동생 역할 출신이에요. 그 친구들이 신인일 때, 신인인데도 재능이 보였다고나 할까요.

최민수 씨가 캐스팅됐을 때예요. 카리스마가 있잖아요. 보통이 아니니까 상대 배우가 그 기에 눌리면 안 되거든요. 아버지 역할의 최민수를 버리고 가는 아들 역할을 구하고 있었는데, 기가 세 보이는 사람이 필요했어요. 당시 김수현 배우가 그 역을 맡은 신인이었는데, 그 정도 눈빛이면 최민수 씨와 연기할 때 안 지겠다 싶어서 과외로 단독 리딩을 6시간 정도 훈련 시켰어요. 드라마 작가가 가끔 그런 걸 해요. "너 이거 제대로 안 하면 최민수 씨 시선 못 마주친다. 너 그 시선에 지면 안 돼" 이렇게 조언을 해주었는데 너무 천진하게 말하더라고요. "그런데 최민수가 누구예요?", "모르는구나? 그럼 괜찮다. 됐다!" 그런 일이 있었죠.

| 드라마 〈아버지의 집〉, 지극한 부성애를 다루었습니다 |

예루살렘 성지 순례 중, 예수님의 성묘교회에는 못 들어가고 그 위 공원에 앉아서 '여기 우리 발밑에 예수님이 계셨다'는 생각을 했어요. 그러니까 마음이 달라지잖아요. 거기서 기도하는데 안내해 주시는 분이 "예수님, 부끄럽지만 사랑합니다"라고 말하는 거예요. 그 말이 정말 가슴을 쳤어요. 그것이 드라마 주제가 되었죠. 너무 부끄럽지만, 감히 사랑하는 사람들의 이야기를 드라마로 만들게 된 거예요. 드라마 〈아버지의 집〉, 아들을 버리려고 했던 사람이 아버지가 되면서 자기 아버지와 화해하고, 돈 때문에 자기를 버리고 떠났던 아들이 망가졌을 때 그 아들을 세워주기까지의 스토리를 만들어 봤어요. '부끄럽지만 사랑합니다'라는 메시지 틀을 놓고서 이야기를 만들어 가니까 작업이 그렇게 어렵지 않았어요. 그런데 기존 제 작품을 봐왔던 사람들은 '너무 촌스럽다, 구태의연하다' 이런 말을 했는데, 그걸 쓰고 나서 연속극도 쓸 수 있게 된 것 같아요. 3% 예상했던 시청률이 28% 정도 나와서 깜짝 놀랐어요.

| '하나님의 연출' 처음 신앙 이야기 |

내 삶이 '하나님의 연출'이었다는 것이 지나고 나니 보이더라고요. 미아리에 살았는데 그때 인구가 폭발할 때라 미아리에 사람이 너무 많았어요. 거기에 개척 교회가 하나 있었는데, 교회에도 정말 미어터지게 사람이 많았죠. 저랑 같은 학년 학생이 60명이었으니 엄청났죠. 교회에 처음 갔을 때가 아이들이 학예회를 준비할 때였어요. 제 친구가 저를 소개하며 "얘 공부 엄청 잘해요" 이런 말을 해서, 교회가 처음인데 빌립보서 4장을 전체 암송하게 되었어요. 저는 다 그렇게 외우는 건 줄 알고 그냥 달달 외워버렸죠. 그렇게 빌립보서를 외우고 있는 아이를 보면서 어른들이 얼마나 예뻐했겠어요. 그때 많은 사람이 저를 향해 환하게 웃는 걸 보면서 '이 사람들이 왜 이렇게 날 좋아하지?'라는 생각이 들더라고요. 굉장한 경험이었어요. 그게 교회의 첫 경험이었죠.

그때 그 교회를 좋아했던 이유가 또 있어요. 제가 당시 그렇게 열심히 새벽 예배를 다녔답니다. 초등학교 때 불면증이 있어서 밤에 잠을 잘 못 잤어요. 통행금지 야경꾼이 2시쯤 지나가면 4시 될 때까지 안 오는 걸 알았거든요. 집을 나와서 골목을 다니다 보니 불 켜진 곳이 교회였어요. 새벽에 교회에 가면 그렇게 어른들이 울부짖고 있더라고요. 거기 앉아있는 그 시간이 좋았어요. 기도 내용을 엿듣다 보면 너무 다 불쌍하게 사는 거예요. 그래서 안심하기도 했죠. '우리 집만 이상한 게 아니구나.' 가정환경이 조금 유난스러웠거든요. 거기서 그렇게 기도 듣다가 깜박 잠들면 아침에 집에 들어가서 세수하고 학교 가고 그랬죠. 지금 생각해 보면, 하나님이 부르시지 않았으면 그럴 수 있었을까 싶어요. 평소에는 새벽 예배에 잘 안 가는데 드라마 시작할 때면 기도할 일이 많아져서 새벽에 기도하러 나가요. 현장에서 사고 나는 게 무서우니까.

| 드라마 작가가 바라보는 성경의 매력 |

저는 이야기를 만드는 사람이니까, 얘깃거리가 많은 인물에게 꽂히죠. 야곱을 당해낼 수가 없잖아요. 요셉도 좋고, 모세도 당할 수가 없고. 어쩜 이렇게 이야기가 많은지. 인간의 약점이 다 보이는데 하나님께서는 어떻게 이런 사람들을 쓰실까? 제가 성경에 나온 인물 중에서 누구에게 가장 감정 이입을 했었나 생각해 보니 우물가의 사마리아 여인이더라고요. 제게 그런 심정이 있었던 것 같아요. 늘 약간 변방

경계선이라고 할까, 이쪽도 아니고 저쪽도 아닌 이방인 같은 소외되고 부끄러운 그런 느낌. 이런 것이 제 기본 정서였던 것 같아요. 그 구절을 읽을 때, 가슴이 아프고 '이런 나를 예수님이 만나주셨구나'하고 감정 이입이 되는 거죠. 예를 들어 야곱의 이야기는 재미있는 서사에 압도되지만, 제가 마음을 정말 뺏기는 건 사마리아 여인인 것 같아요. 너무 알겠어요, 그 여자의 마음을. 저도 대사를 쓰니까 이런 속도감이야 말로 정말 드라마틱한 것 같아요.

| 방송 작가 신우회 |

방송을 위해서 기도하는 모임이에요. 2주에 한 번씩 모여서 예배드렸어요. 14년을 한 번도 안 빠지고 예배드린 게 너무 놀라워요. 연기자는 연기자 친구들이 있잖아요. 작가는 작가를 친구로 만나기가 쉽지 않아요. 그 많은 스태프 중, 한 명이기 때문에 작가들끼리 모이는 일이 잘 없어요. 신우회가 처음 생겼을 때 동료들이 이렇게 많은 게 너무 눈물겨웠어요. 방송 작가 일을 외부인들에게 말하기 쉽지 않아요. 외부인들이 보기에 우리 일이 화려하잖아요. 우리에게 듣고 싶은 말은 연예인 이야기, 시청률 이야기 이런 건데 사실 우리는 그게 아니거든요. 우리 고민은 원고가 안 써지고, 이런 거라서 가족과도 직업의 애환을 나누기가 쉽지 않고 친구들한테도 잘못하면 굉장히 으스대는 것처럼 들리는 거예요. 어디서 마음 나누기가 쉽지 않았는데 여기 신우회에 와서는 말을 할 필요가 없이 그냥 같이 울어요. '재가 몇 년 놀았구나' 이런 걸 알아요. 그런 동료들이 생긴 게 너무 든든하고 같이 기도할 수 있으니까 좋아요.

| 방송 작가의 기도와 감사 |

제 드라마의 주인공이 한 번 사고로 죽었던 적이 있어요. 그때 제일 힘들었던 게 그 사람의 장례식에 못 간 거예요. 원고를 다시 써야 했으니까요. 그 주가 방송인데 그날 아침에 돌아가신 거예요. 슬퍼할 겨를도 없이 원고를 썼죠. 작업이 끝나고 나니 장례식이 끝났어요. 그 상처가 생각보다 너무 오래가더라고요. 그게 너무 무서운 경험이어서 드라마 촬영하는 동안 다치는 사람 없게 해 달라는 게 큰 기도 제목이 될 수밖에 없었어요. 그리고 제 작품에서 상처받는 사람 없기를 바라는 거죠. 돌아보면 수월하게 많은 일이 진행되었어요. 그리고 제 힘보다 훨씬 더 잘됐죠. 하나님께서 도와주셨던 거예요. 돌아보면 자비로운 손길이 늘 있었던 것 같은데 그것에 감사하죠.

YouTube
〈좋은 인터뷰〉 이선희 편 보기

| 개척과 또 다른 길 그 사이의 고민 |

아버님도 같은 교단 목사님이시거든요. 전통적인 틀 안에서 사역자에게는 기존 교회 사역을 하느냐 개척을 하느냐 그거밖에 없잖아요. 그 자체가 좀 답답하더라고요. 목사는 교회에만 있는 사람인가 싶은 그런 생각을 했던 것 같아요. 교회 안에서 사역할 때 성도와의 어쩔 수 없는 괴리감이 설교하고 있지만 느껴지잖아요. 나의 메시지가 이분들에게 이 정도밖에 전달이 안 되는구나 하는 제 언어의 한계를 많이 느꼈어요. 그런데 이런 부분이 교구 사역하며 담임 목사까지 되면

더 심해질 거 아니에요. 보통 목사님들은 왜 지금 성도와 유격이 벌어지고 있는지조차 잘 모르실 텐데, 그런 인식이 생기면서 갈증이 좀 있었어요.

저도 목사 자녀이면서 목사지만 말로는 엄청 잘 떠드는데 실제 치열한 삶의 현장 안에서 내가 얘기하는 그 복음과 믿음, 신앙생활이라는 게 진짜 가능한가 싶은, 작지만 그런 호기심이 있었어요. 여러 가지 복합적인 이유 중 하나지만 그런 마음 때문에 제도권 교회에서 나온 것도 있거든요. 개척이냐 청빙이냐, 이런 갈림길에서 제3의 길이 있지 않을까 하는 생각이 들어서 아내에게 이야기를 해봤죠. "마흔 되기 전에 새로운 걸 한번 해보고 싶다. 가정은 책임져야 하니까, 해보고 안 되면 다시 교회로 들어가든지 하겠다." 이런 얘기를 하고 교회 사역에서 나왔어요.

| 과일 가게를 운영하게 된 계기 |

특별한 이유는 없었어요. 제가 막상 교회에서 나와 보니까 할 수 있는 게 없더라고요. 전공도 신학, 기독교 교육이에요. 어릴 때부터 그런 환경 안에서 자랐고 학부도 신학대, 대학원도 신학대학원이니 제게 뭐 특별히 돈벌이가 될 만한 기술이 있는 것도 아니고, 나이까지 애매하니까 회사 들어가기도 어려웠죠. 심지어 아르바이트도 잘 안 구해지더라고요. 제가 30대 중후반 정도에 결정했는데 너무 애매한 나이인 거예요. 진짜 절망적이더라고요. 내가 이렇게 쓸모없는 인간인가? 이런 생각도 들고요. 보험 판매도 해보려고 했는데, 생각보다 만만치 않더라고요. 선거 캠프에서 인터넷, SNS 관리하는 일도 3~4개월 해보고 그렇게 몇 가지 해보다가 뭔가 지속할 수 있는 일이 생각보다 많지 않은 현실에 낙망이 되었죠. 결국 일하는 목사님들이 주로 하시는 택배, 대리운전 그런 거만 남는데 일머리가 없어서 그것도 쉽지 않을 것 같고, 혼자 가족 걱정하며 전전긍긍하고 있었죠.

그러다 몇 년 전에 본 기사가 생각났어요. 아파트에서 과일 파는 노점을 하시는 목사님 이야기였어요. 검색해 봤는데 나오는 거예요. 지금 저희 대표님이시죠. 저희는 팀이 있어서 과일을 공동으로 매입하거든요. 그 형님이 네이버 밴드로 운영하는 과일 가게 초창기 멤버였어요. 그래서 연락을 드리고 제 상황을 나누며 혹시 한번 찾아봬도 되겠냐 물었죠. 형님은 서울 강서 쪽에서 과일 가게를 하고 계셨는데 만나서 저도 시작할 수 있을지 여쭤봤더니, 흔쾌히 도와주시겠다고 해서 일을 배우며 바로 시작했어요. 처음에는 트럭 살 돈이 없어서 제 승용차에 과일을 꽉꽉 실어서 예약하신 분들 위주로 챙겨 드렸어요. 제가 살고 있는 아파트에서 일주일에 한 번 정도 했던 것 같아요. 주말에는 사역을 하고 있어서 주중에 그렇게 한 번, 주말에 한 번하는 방식으로 시작했었어요.

| 기억에 남는 손님이 있을까요? |

매장을 제가 살던 아파트 바로 앞에서 하다가 한 번 옮겼어요. 노점할 때부터 자주 오시던 80대 중후반 정도, 연세에 비해 정정하신 어머님이 계셨는데, 자주 오셨지만 남편과 단 둘이 사시니 많이는 안 사셨어요. 오이 두 개 대파 한 단, 혹은 사과도 한 두 개만 안 되냐 물으시면 기꺼이 드렸고, 이틀에 한 번꼴로 오셨지요. 얼마나 사는지를 떠나서 저와 가게를 향한 애정이 느껴졌는데, 어느 날 '이 어머님이 언제고 갑자기 안 오시면 소식 전해 들을 방법이 있을까' 그런 생각이 들더라고요. 연로하시니 언제 돌아가셔도 사실 이상하지 않잖아요. 그 생각이 드니까 오시는 동안에는 말동무도 해드리고 더 잘해드려야겠다 싶더라고요. 가게를 이쪽으로 옮기고는 사실 거의 못 오시죠. 멀지 않지만 걸어오시기는 좀 그러니까요. 생각이 많이 나요.

| 일하는 목회자로 살며 느끼는 보람이 있을까요? |

교회 사역할 때 부끄럽지는 않았지만, 가끔 미안할 때가 있었어요. 내가 교회에서 이렇게 돈을 받고 있는 게 맞나, 그런 생각이 들곤 했거든요. 사역하면서 마음에 기쁨이 있고, 열정이 넘치거나 사명감이 끓어오르는 것이 아니라 생계유지를 위해, 먹고살기 위해 어쩔 수 없이 이걸 하는 건 아닌가 싶은 그런 생각이요. 열심히 일했으니 받는 것이라 생각하면 마음이라도 편할 텐데, 물론 제 기준이 좀 높았을 수도 있죠. 그런데 어느 때는 교회 일이 너무 과도한데 내가 이걸 받는 게 맞나 싶은 마음도 있어서 괴로웠어요. 지금은 제가 나쁜 짓해서 돈 버는 건 아니니까, 노동의 기쁨 같은 게 있더라고요. 그리고 이걸로 가족들도 먹여 살리지만, 또 사회 일원으로서 역할을 감당한다는 자부심에 뿌듯하기도 합니다. 제가 돈을 벌어 외부로 흘려보내는 일을 할 수 있는 것 역시 나름 보람인 것 같아요.

| 전임 목회에 대한 그리움이나 아쉬움이 있을까요 |

그리움은 아니지만, 교회에 있을 때 조금 더 열심히 하지 못했다는 아쉬움이 있어요. 다시 돌아가고 싶진 않은데 주어진 그 상황에서 하나님이 보시기에 부끄럽지 않은 사역을 했으면 더 좋지 않았을까 하는 아쉬움은 좀 있어요. 이제는 가고 싶어도 어려운 나이예요. 사역을 안 한 햇수가 너무 길기도 하고 여전히 진리에 대한, 말씀에 대한, 신앙에 대한 열정은 되게 큰데 기성 교회 구조에 답답함이 있어서 어려울 것 같아요. 기성 교회를 부정하거나 틀렸다고 얘기하는 건 절대 아닌데, 이제는 제가 너무 자유로워져 버려서 그 구조 안에 다시 저를 맞추기는 힘들 것 같아요.

| 앞으로 준비하시는 부분이 있을까요 |

과일 가게를 계속하지 못할 수도 있겠다는 생각은 들어요. 한계도 있고 굳이 이걸 끝까지 해야 하나 하는 생각은 있거든요. 지금 시간 안에서, 하나님이 저를 통해 하고 싶어 하셨던 그런 일을 충분히 경험하고 또 다른 환경이 주어지면 움직일 수도 있다고 생각해요. 이걸 한지 만으로 5년이 넘었는데 계속 고민 중이예요. 가족들이 있으니 생계를 위해 경제 활동은 해야겠지만 단지 돈벌이를 위한 일이 아닌 좀 더 의미있고 다른 이들에게 나눌 수 있는 일이었으면 좋겠다는 생각을 해요.

최근에는 기독교 대안 학교에서 일주일에 하루 채플 설교와 성경 수업도 시작하게 되었는데 즐겁게 하고 있어요. 어린 학생들과의 만남을 통해 말씀을 나누고 저 역시 말씀 앞에 서는 시간이라 감사합니다.

YouTube
〈좋은 인터뷰〉 박요섭 편 보기

그래픽 디자인 작가
유지웍스 대표

| 디자인의 길에 들어선 계기 |

그래픽 디자이너이자 작가입니다. 어릴 때 아버지께서 패션 디자인을 하셨어요. 원단을 재단하고 잘라내는 과정을 보며 자라다 보니까 어릴 때부터 정교한 것에 관심이 많았어요. 특별하게 심벌마크 그리는 걸 좋아했고 시골에서 큰 대회에 나가 상도 받으면서 자연스럽게 목표가 명확해 졌어요. 그래픽 디자이너가 되어 우리나라에서 제일 유명한 회사 대표를 한번 해보는 꿈을 구체적으로 꾸고 있었죠. 그 꿈은 변하지 않았어요. 에어브러쉬라는 도구로 로봇이나 코카콜라 캔 같은 것을 많이 그렸어요. 그런 것이 제가 작가를 준비하는데 보탬이 되지 않았나 싶은데, 당시에는 그래픽 디자이너를 줄곧 목표로 삼았죠.

| 가장 기억에 남는 작품 |

디자이너는 아무래도 비용이 많이 지불 된 작품이 기억에 많이 남아요. 예를 들어, 코레일에서 의뢰받은 작품의 디자인 작업을 위해 유럽 몇 개국을 순회하며 고속 전철을 다양하게 타봤죠. 테제베(TGV)나 이체(ICE), 탈레스(Thales) 등을 모두 타보면서 유럽 열차는 어떤지 두루 보고 왔던 기억이 나요. 그런 과정이 디자인을 결정하기 위해 꼭 필요한 것은 아니지만, 전체 예산이 워낙 방대했기에 출장비를 충분하게 사용할 수 있었던 기억이 나요. 일반 기업 로고보다 서너 배 비싼 예산으로 했고 굉장히 체계적으로 작업이 진행되었어요.

| 창작 활동에서 중요하게 생각하는 것 |

디자이너도 그렇고 예술가도 그렇고, 자기만의 원형을 찾아내는 게 굉장히 중요하다고 봐요. 자신의 뿌리가 취약하다 보면 유혹받게 되어 있어요. 최근 작곡 저작권 때문에 굉장히 시끌벅적하잖아요. 위대한 작곡가를 좋아해서 인용할 수도 있지만 자기 내면을 덮을 수 있는 자기만의 색깔이 없으면 무작정 따라가게 되는 유혹이 항상 도사려요. 끌려가는 거죠. 저는 작업할 때 한 가지 원칙이 있어요. '설명하지 않고 암시하는 심벌을 디자인하자.' 그런 마음을 늘 가지고 있죠. 그

건 그래픽 디자인계의 피카소라고 불리는 폴 랜드(Paul Rand)라는 디자이너가 하신 말씀이거든요. 그분은 IBM, NEXT 컴퓨터, UPS 등 굴지의 로고를 디자인한 분인데 '위대한 심벌은 설명하지 않는다. 다만 암시할 따름이다'라는 말씀을 하셨어요. 그걸 제 디자인의 뿌리로 여기지만 실제 디자인으로 드러내는 건 간단한 문제가 아니에요. 워낙 많은 심벌이 지구상에 존재하니까, 그중에서 자기 걸 찾아낸다는 게 쉬운 것만은 아니죠.

| 기독교 창작 활동을 많이 하는 이유 |

저는 모태신앙입니다. 장로이신 아버지와 권사이신 어머니의 중보기도를 평생 받으며 살아온 것 같아요. 나이가 들고 많은 것을 해보니까 더 확실해지는 건, 이 세상의 것에 국한된 예술을 별로 안 하고 싶다는 거예요. 시시하더라고요. 가장 고상한 가치가 무엇인가를 생각해 볼 때, 예수 그리스도의 색깔은 다른 것 같아요. 문자라든지 타이포그래피로, 예수님을 보이는 분으로 설명해 보고 싶었어요. 그 목표는 정말 확고했죠. 저는 이 영역이 블루오션이라고 생각하고 계몽해야 할 여지도 많다고 생각해요. 그런 생각을 하면서 힘들지만 자연스레 이 일을 즐기게 된 것 같아요.

| 기억에 남는 사연이 있을까요? |

옛날 사랑의교회에 다니던 시절, 교회 심벌마크를 디자인할 때 위원

으로 참가했어요. 그때 우리나라 글꼴의 대가 김진평 교수님과 작업하면서 겸손한 모습을 옆에서 지켜보며 많이 배웠어요. 심벌 조형 자체는 그분이 직접 이끄신 작업이라 저희는 따라가면서 배웠던 좋은 느낌이 있었죠. 왕성교회 길자연 목사님이 교회의 CI를 도입하셨을 때 목사님의 적극적인 모습도 참 인상적이더라고요. 그런 분들이 제가 교회 디자인을 하나의 사역으로 자리매김하게 하는데 도움을 준 분들이죠. 교회 작업을 통해 돈을 벌었다는 것보다는 우리가 계속 이 일을 유지하기 위한 후원을 받았다고 생각해요. 대구 범어교회는 CI가 결정됐을 때 장로님께 전화가 왔어요. "전 작가, 이걸 우리가 쓰고 싶은데 저작권이 있잖아. 이거 쓰려면 계약금을 먼저 주고 써야 하지 않겠나?" 그러시는데, 되게 멋지더라고요. 그런 교회가 기억이 나요.

비영리단체 중에 다일공동체의 로고를 기부한 게 저는 지금도 뿌듯해요. 그 로고가 잘되고 나서 최일도 목사님께서 "밥퍼 로고를 하나 더 기부해 주면 안 되냐?" 요청하셨어요. 그 얘기를 들은 그날 밤 아이디어가 확 떠올랐죠. '밥퍼' 로고는 전부 하트 모양으로 구성된 글자인데 그걸 요즘은 캘리그래피라고 하더라고요. 일종의 조형으로 푼 거라서 지금도 저는 아주 뿌듯하게 생각합니다. 최근 것 중에는 수영로교회의 베이스캠프 조형이 아주 마음에 들어요. 이름도 교회 수양관 같지 않아서 신선했죠. 아무래도 교회 담임 목사님의 디자인을 바라보는 수준이나 기대가 남달랐던 것 같아요. 잘 소통하며 작업했던 기억이 납니다.

| 예술가, 작가 그리고 사업가 |

사업을 일종의 자급자족이라고 표현하고 싶거든요. 궁극의 목표는 예술이에요. 예술에 더 집중하고 싶은데 이걸 하기 위해서 결국 사업을 해야 해요. 제가 자급자족으로 밀어 넣는 것도 한계가 있거든요. 교회가 건축되면, 그 안에 필요한 것이 많아요. 그래픽, 사인, 디자인. 이런 것을 제작하면서 사업체를 꾸려나가는 거죠. 그러나 겨우 운신해갈 만큼의 사업 규모를 가지고 있어요. 큰돈을 벌었으면 진작 다 예술에 투자했겠죠. 그게 가장 어려운 길인 것 같아요. 지금 한국 교회에 제안 드리고 싶어요. "예술에 투자를 해주세요. 제발." 예술에 투자가 이루어져야 하거든요. 특히 요즘 MZ 세대에게 비주얼이 얼마나 중요한지요. 스피치, 스피킹으로 다 되는 시대가 아니거든요. 그런데 아직까지 교회는 전통적인 설교라는 방식에만 의존하고 있어요. 그리고 다음 세대는 지갑을 많이 열어줘야 해요. 장로님들은 돈 많은 거 자랑만 마시고 다음 세대를 위해 팍팍 밀어주세요.

| 새로운 시작, 〈유지웍스〉 |

'유지웍스'는 Unlimited Ground의 이니셜이에요. Urgent Gospel, 긴급한 복음도 되고요. 그다음에 Unending God, 그리고 Unography. 제 이름이 '우노'거든요. 우노의 그래피라고 해서 하나의 브랜드로 만들었던 적이 있는데 그 일을 총칭하는 게 유지웍스고요. 'Works'의 의미를 조금 설명하자면, 하나님도 태초에 천지를 창조하실 때 'works'하셨거든요. 하나님이 일하셨다는 표현은 좀 안 어울리는 것 같고 하나님의 방식으로 일하셨겠죠. 그래서 웍스(works)라는 단어가 저는 좋더라고요. 유지웍스가 배출한 현대 미술 작가가 한 사람 있습니다. '전진'이라는 작가인데 이번에 '토다의 숲'에서 두 달간 전시회를 잘 마쳤어요. 저는 디자인을 하려는 대상이 누구든 제한하지 않습니다. 개척 교회 목사님들도 디자인을 배우겠다면 기꺼이 도와드리고 싶고요. 지금 N국에 파송된 여자 선교사님이 있는데, 이분이 그림과 디자인에 관심이 많으세요. 그래서 제가 카톡으로 창작을 도와드리고 있죠. 계속 우리가 발굴해야 할 예술가가 어디에 있는지 찾아보고 있어요.

일단 '유지웍스'가 탄탄해지기 위해서 저와 전진 작가, 그리고 몇몇 사람이 중심이 돼서 계속 대규모, 소규모 전시회를 하려고 해요. 알려야 되니까요. 아카데미 성격도 가질 수 있고요. 유지웍스에서 '낙서여행', '그라피티 스쿨'을 몇 차례 진행했는데 상당히 임상적으로 좋은 결과를 얻었습니다. 마음이 아픈 젊은이들, 자기 속의 것을 끌어내지 못해서 답답해하는 아이들뿐만 아니라 어른들의 영혼을 개방시켜 주고 재능을 발견하게 하는, 창조성의 DNA가 있다는 것을 체득하게 하는 게 목표입니다.

| 앞으로 기대하며 준비하는 부분이 있을까요? |

제 마음에 예수 그리스도의 이름이 늘 존재해 왔는데, 저는 예수님을 딱 한 단어로 'Almighty Creator'로 고백하고 싶어요. 전능하신 창조주라고요. Wrap the world, 랩핑 한다고 하거든요. '세상을 휘감아라.' 포장하듯이 예수 그리스도의 이름으로 세상을 'Wrapping' 해보자. 전시 규모도 당연히 커지겠죠. 지금 예수님의 이름으로 66가지 정도 타이포그래피, 추상화, 그라피티 등을 망라해서 전시회를 준비하고 있습니다. 막연한 건 아니에요. 이미 2003년도에 경희대학교 건축조경대학 5층 건물을 타이포그래피로 다 채운 적이 있거든요. 그게 Type & Space 전시회였는데 저는 그것보다 훨씬 더 큰 규모로 예수님의 이름이 채워져야 한다고 봅니다.

YouTube
〈좋은 인터뷰〉 전은호 편 보기

| ALminstry는 어떤 일을 하는 곳인가요? |

2009년에 설립한 ALminstry는 25만 명 시각 장애인들의 복음화와 그리스도인 중 시각 장애가 있는 청소년, 청년, 장년 그리고 목회자를 위하여 14년 넘게 사역해오고 있는 단체입니다. 단체가 중점적으로 하는 몇 가지 사역이 있습니다. 첫 번째는 매년 전국 시각 장애인 청소년과 청년을 대상으로 연합 수련회를 진행합니다. 두 번째는 신앙 교육을 위해서 데이지 도서를 제작하며, 신앙 도서를 점자로 변환하여 무료로 보급하고 있습니다. 세 번째는 시각 장애인 목회자를 위한 목회 지원을 하고 있습니다. 장애가 있는 분들이 목회할 수 있는 여건이 그리 좋지 않습니다. 그분들이 성경을 연구하고 영성을 회복할 수 있도록 세미나를 개최하거나 목회 연구 도서를 제작하여 무료로 보급하고 있습니다. 이뿐만 아니라 교회와 공공기관에서 장애인 인식 개선을 위한 교육도 진행하고 있습니다.

| 시각 장애인을 위한 전자도서관 구축은 어떤 사역인가요? |

IT 기술의 발달로 인해 종이책이 전자책의 형태로 만들어지는 비중이 조금씩 늘어나고 있습니다. 하지만 신앙 도서는 거의 제작되지 않는 것이 현실입니다. 시각 장애가 있는 다음 세대, 장년 혹은 목회자들은 신앙 도서를 읽고 싶어도 읽지 못하는 현실입니다. 책을 좋아하지만 읽을 수 있는 책이 없어서 읽지 못한다는 말입니다. 이러한 현실에 있는 시각 장애인들에게 웹 접근성 홈페이지를 제공함으로 시각 장애인들의 독서 환경을 개선하고자 하는 사역입니다. 시각 장애인들이 볼 수 있는 환경의 'AL-소리전자도서관' 홈페이지를 구축하고, 읽을 수 있는 환경의 전자 도서를 제작하여 자유롭게 다운로드하여 책을 읽을 수 있도록 하는 것입니다. 시각 장애인들이 다양한 신앙 도서를 볼 수 있도록 홈페이지를 구축하고 있습니다.

| 오디오북이 대안이 될 수는 없나요? |

우리는 흔히 보지 못하기에 들으면 된다고 생각합니다. 그런 의미에서 오디오북이 도움을 주는 것은 분명한 사실입니다. 하지만 오디오북은 한계가 있습니다. 시각 장애인들의 독서 욕구를 충족시키는 데는 부족한 점이 많습니다. 시각 장애인이라도 비장애인들과 마찬가지로 생각하고 느끼며 능동적으로 책을 읽고 싶어 합니다. 기억하고 싶은 구절은 밑줄을 긋거나 떠오르는 생각을 적어두는 일 혹은 반복해서 읽으며 오롯이 자기만의 생각에 잠기고 싶어 합니다. 하지만 오디오북은 수동적으로 듣기만 할 수 있기에 한계가 있습니다. 또한 들리는 단어를 놓치거나 발음이 부정확하여 내용을 파악하지 못하는 일도 빈번합니다. 시각 장애인들에게 오디오북은 필요한 매체이기는 하지만 충분한 매체는 아니라고 말하고 싶습니다.

| 이 일을 하게 된 계기가 있나요? |

신앙생활을 시작하게 된 교회의 목사님은 중도에 시각 장애를 얻게 된 분이었습니다. 장애가 있음에도 목사님의 삶은 언제나 긍정적이며 성실하셨습니다. 비장애인 성도들과 함께 생활하는 모습을 보며 시각 장애가 목회에 전혀 문제 되지 않는다는 것을 경험했습니다. 오히려 힘들고 어려운 시절을 보내고 있을 때 교회와 목사님의 관심과 사랑이 저를 바른길로 안내했습니다. 목사님의 삶을 통하여 하나님을 보게 된 거죠. 목회자의 길을 결심했을 때 생각했습니다. '복음화율이 가장 낮은 시각 장애인 복음화를 위하여 사역해야겠다.' 담임 목사님을 통해서 '시각에 장애가 있더라도 하나님을 바라보는 데는 아무런 어려움이 없겠구나'라는 것을 깨달으면서 생긴 마음이었고, 그 마음을 14년째 이어가고 있습니다.

| 소망하는 것 혹은 기도 제목은 무엇인가요? |

'AL-소리도서관'을 설립하여 전자 도서를 보급하기 위해서는 해결해야 할 문제가 많습니다. 우선 홈페이지가 시각 장애인들이 사용할 수 있는 환경으로 잘 구축되어야 합니다. 그리고 출판사들로부터 원고 파일을 받아야 합니다. 문자 형태의 원고를 받아야 하고, 저작권 문제도 해결되어야 합니다. 원고를 시각 장애인들이 다운로드 해서 읽을 수 있는 형태로 변환하는 일도 있습니다. 이 모든 일을 하는 데 꼭 필요한 것은 '협력'입니다. 제가 이 일을 하고 있지만 혼자서는 절대로 할 수 없는 일입니다. 금전적인 기부도 필요하고, 재능 기부, 관심과 기도가 필요합니다. 모두가 어우러졌을 때 비로소 25만 시각 장애인들이 마음껏 신앙 도서를 읽을 수 있는 도서관이 생기는 것입니다. 이 일을 위해 필요한 재정 모금이 순조롭게 진행되기를, 지치지 않고 끝까지 잘 마칠 수 있기를 기도해주시면 감사하겠습니다. 그리고 비장애인과 장애인들이 함께 어우러져 있는 흰여울교회가 아름다운 공동체로 자리매김할 수 있도록 기도 부탁드립니다.

YouTube
〈좋은 인터뷰〉 정민교 편 보기

STORIES_TRACES OF GOD